CONTEÚDO DIGITAL PARA ALUNOS
Cadastre-se e transforme seus estudos em uma experiência única de aprendizado:

1 Entre na página de cadastro:
https://sistemas.editoradobrasil.com.br/cadastro

2 Além dos seus dados pessoais e dos dados de sua escola, adicione ao cadastro o código do aluno, que garantirá a exclusividade do seu ingresso à plataforma.

1030359A4925715

3 Depois, acesse:
https://leb.editoradobrasil.com.br/
e navegue pelos conteúdos digitais de sua coleção :D

Lembre-se de que esse código, pessoal e intransferível, é valido por um ano. Guarde-o com cuidado, pois é a única maneira de você acessar os conteúdos da plataforma.

Editora do Brasil

BRINCANDO COM HISTÓRIA E GEOGRAFIA

ORGANIZADORA: EDITORA DO BRASIL

3

ENSINO FUNDAMENTAL

5ª EDIÇÃO
SÃO PAULO, 2020

Dados Internacionais de Catalogação na Publicação (CIP)
(Câmara Brasileira do Livro, SP, Brasil)

Brincando com história e geografia, 3 : ensino fundamental / organização Editora do Brasil. -- 5. ed. -- São Paulo : Editora do Brasil, 2020. -- (Brincando com)

ISBN 978-85-10-08314-0 (aluno)
ISBN 978-85-10-08315-7 (professor)

1. Geografia (Ensino fundamental) 2. História (Ensino fundamental) I. Série.

20-38256   CDD-372.89

Índices para catálogo sistemático:

1. História e geografia : Ensino fundamental   372.89

Cibele Maria Dias - Bibliotecária - CRB-8/9427

© Editora do Brasil S.A., 2020
Todos os direitos reservados

Direção-geral: Vicente Tortamano Avanso

Direção editorial: Felipe Ramos Poletti
Gerência editorial: Erika Caldin
Supervisão de arte: Andrea Melo
Supervisão de editoração: Abdonildo José de Lima Santos
Supervisão de revisão: Dora Helena Feres
Supervisão de iconografia: Léo Burgos
Supervisão de digital: Ethel Shuña Queiroz
Supervisão de controle de processos editoriais: Roseli Said
Supervisão de direitos autorais: Marilisa Bertolone Mendes

Supervisão editorial: Júlio Fonseca
Edição: Andressa Pontinha, Guilherme Fioravante e Nathalia C. Folli Simões
Assistência editorial: Manoel Leal de Oliveira
Auxílio editorial: Douglas Bandeira
Especialista em copidesque e revisão: Elaine Silva
Copidesque: Gisélia Costa, Ricardo Liberal e Sylmara Belletti
Revisão: Amanda Cabral, Andréia Andrade, Fernanda Almeida, Fernanda Sanchez, Flávia Gonçalves, Gabriel Ornelas, Jonathan Busato, Mariana Paixão, Martin Gonçalves e Rosani Andreani
Pesquisa iconográfica: Daniel Andrade e Enio Lopes
Assistência de arte: Daniel Campos Souza
Design gráfico: Cris Viana
Capa: Megalo Design
Edição de arte: Patrícia Ishihara e Patrícia Lino
Imagem de capa: Nicolas Viotto
Ilustrações: Alex Cói, Anderson Sanchez, Antonio Eder, Bianca Pinheiro, Camila Hôrtencio, Cristiane Viana, DAE, Dam Ferreira, Desenhorama, Eduardo Belmiro, Estúdio Ornitorrinco, Gutto Paixão, Hugo Araújo, Ilustra Cartoon, Jefferson Galdino, João P. Mazzoco, José Wilson Magalhães, Leonardo Conceição, Luis Moura, Marcel Borges, Marco Cortez, Murilo Moretti, Rafael Herrera, Reinaldo Rosa, Saulo Nunes Marques, Vagner Coelho e Waldomiro Neto
Cartógrafos: Alessandro Passos da Costa, Mário Yoshyda, Rafael Herrera, Selma Caparroz e Sônia Vaz
Produção cartográfica: DAE (Departamento de Arte e Editoração)
Editoração eletrônica: Gilvan Alves da Silva e Sergio Rocha
Licenciamentos de textos: Cinthya Utiyama, Jennifer Xavier, Paula Harue Tozaki e Renata Garbellini
Controle de processos editoriais: Bruna Alves, Carlos Nunes, Rita Poliane, Terezinha de Fátima Oliveira e Valéria Alves

5ª Edição / 4ª Impressão, 2023
Impresso na Gráfica Elyon

Rua Conselheiro Nébias, 887
São Paulo, SP – CEP: 01203-001
Fone: +55 11 3226-0211
www.editoradobrasil.com.br

APRESENTAÇÃO

Querido aluno,

Este livro foi escrito especialmente para você, pensando em seu aprendizado e nas muitas conquistas que virão em seu futuro!

Ele será um grande apoio na busca do conhecimento. Utilize-o para aprender cada vez mais na companhia de professores, colegas e de outras pessoas de sua convivência.

Ao estudar História e Geografia, você vai descobrir como nós, seres humanos, convivemos e como modificamos o espaço ao longo do tempo até chegar à atual forma de organização. Você vai aprender a ler o mundo!

Com carinho,
Editora do Brasil

DISCIPLINAS

HISTÓRIA **5**

GEOGRAFIA **113**

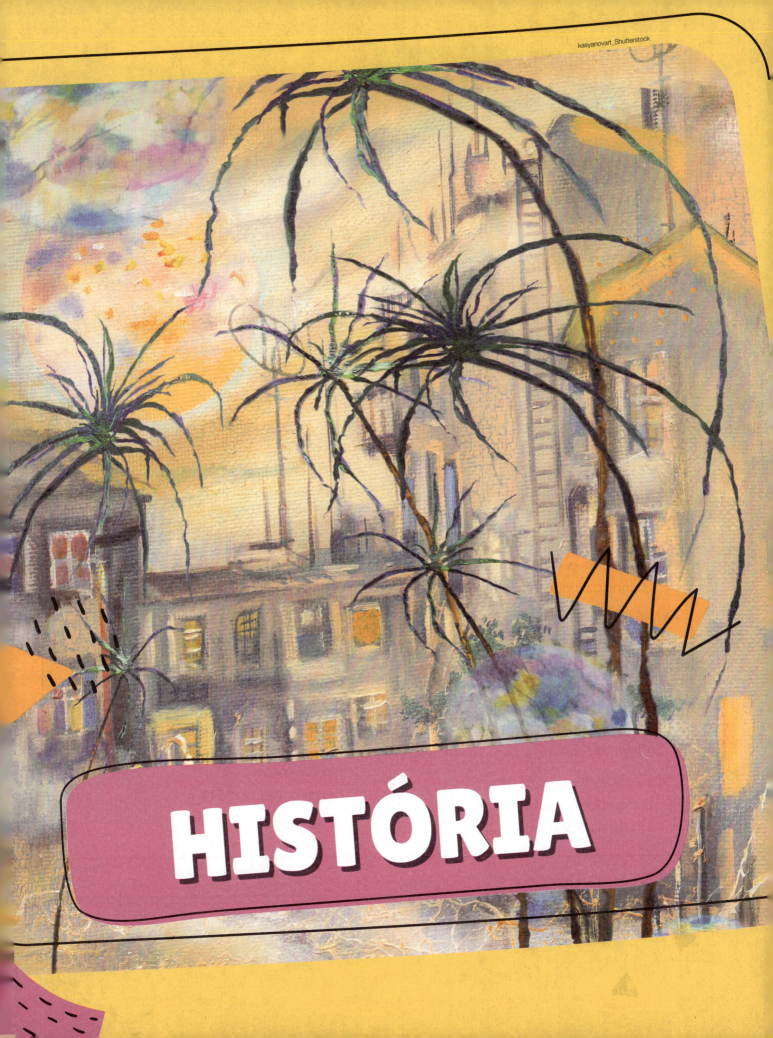

HISTÓRIA

SUMÁRIO

VAMOS BRINCAR 7

Unidade 1 – Meu bairro é assim! 10
   Onde eu moro? 11
   O que há no meu bairro? 13
   A formação de um município 15
   Pequeno cidadão – Preservar o espaço público 19

Unidade 2 – Como funciona o município? 20
   Compromisso com os munícipes 21
   Área rural e área urbana do município 23
   Os trabalhadores dos municípios 25

Unidade 3 – Um país de muitos povos 30
   Os caminhos das mercadorias 31
   O incentivo às navegações 34
   As principais viagens 36

Unidade 4 – Em terras indígenas 40
   A carta de Caminha 42
   Os povos indígenas 44
   Os indígenas na atualidade 46
   Pequeno cidadão – As reservas indígenas 49

Unidade 5 – A colonização 50
   As expedições portuguesas 52
   O início da colonização 55

   Pequeno cidadão – A Mata Atlântica e o desmatamento 59

Unidade 6 – Primeiras vilas e cidades no Brasil 60
   Cananeia: primeiro povoado português 63
   São Vicente: a primeira vila 64
   Salvador: a primeira capital 66
   O patrimônio histórico 70

Unidade 7 – Vida e trabalho na colônia 71
   O cultivo da cana-de-açúcar 72
   Os africanos no Brasil 76
   Pequeno cidadão – Heranças africanas na cultura brasileira 79

Unidade 8 – Do litoral para o interior 80
   Entradas e bandeiras 82
   A descoberta do ouro 87

BRINQUE MAIS 90

DATAS COMEMORATIVAS 100
   Aniversário da cidade 100
   Dia do Índio 102
   Dia das Mães 104
   Dia dos Pais 105
   Dia da Árvore 106
   Dia da Consciência Negra 108

ENCARTE 111

VAMOS BRINCAR

ATIVIDADES

1 Complete as frases com informações sobre você.

Meu nome completo é _____ _____.

O nome do meu professor do 2º ano era _____.

Eu tenho _____ anos.

O nome do meu professor deste ano é _____.

Faço aniversário em _____.

Eu estudo na escola _____ _____.

2 Observe um dia na vida de Jorge. Numere as cenas na ordem dos acontecimentos.

3 Circule as cenas que demonstram as regras de convivência corretas.

4 As imagens a seguir mostram uma cena do passado. Encontre sete diferenças entre elas e circule-as.

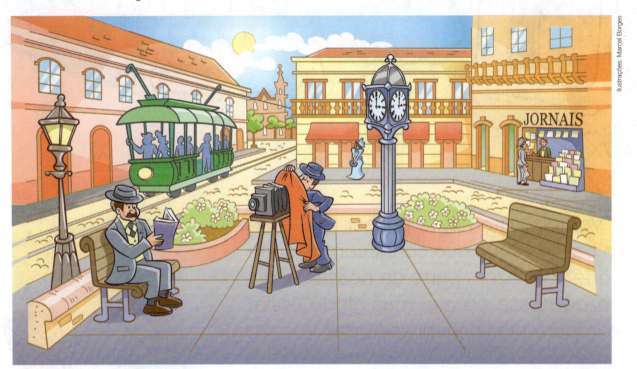

- O que há de diferente entre as duas imagens?

_____

_____

UNIDADE 1

MEU BAIRRO É ASSIM!

Você já parou para pensar que existem pessoas que não conhecemos direito, que não fazem parte de nossa família nem de nossa escola, mas ainda assim são importantes para nossa vida?

Comunidade é um grupo de pessoas que partilham elementos em comum, como a língua, as tradições, os costumes, a localização geográfica, a visão do mundo e os valores.

Todas essas pessoas com quem convivemos diariamente e as pessoas que vivem, estudam ou trabalham no bairro ou lugar em que moramos, fazem parte de uma importante comunidade: a vizinhança.

O convívio com pessoas possibilita a troca de informações e experiências.

Onde eu moro?

Alguns de nossos vizinhos vivem bem perto de nós, moram na mesma rua. Você conhece todas as pessoas que moram em sua rua? Você sabe seu endereço?

Nosso endereço contém informações fundamentais sobre o lugar em que vivemos: o nome de nossa rua, o número de nossa moradia, o bairro, a cidade, o estado em que moramos e o CEP (Código de Endereçamento Postal). As pessoas que moram em prédios precisam indicar, além do número do prédio, o número do apartamento.

O nome das ruas

No Brasil, todas as ruas, praças e avenidas são identificadas. Muitas têm nome de pessoas, acontecimentos ou datas importantes de nossa história. Homenagear a história e a cultura em nome de vias é uma característica brasileira. Por essa razão é comum encontrarmos o mesmo nome de rua em diferentes cidades.

Afonso Pena foi presidente do Brasil. Placa em Governador Valadares, Minas Gerais.

7 de setembro é o dia da Independência do Brasil. Placa em Araras, São Paulo.

As pessoas nas ruas

As ruas são lugares em que as pessoas e os veículos podem circular. As moradias são espaços privados, ou seja, só podem entrar nelas seus moradores ou pessoas convidadas. Já as ruas, as avenidas e as praças são espaços públicos, pois todas as pessoas têm o direito de ocupá-las. É por esse motivo que as ruas são lugares geralmente escolhidos para atividades coletivas.

Rua pouco movimentada. Morretes, Paraná.

Festa de São João na Rua. Bueno Brandão, Minas Gerais.

Rua com movimento de pedestres. Curitiba, Paraná.

Manifestação popular na rua. Londrina, Paraná.

ATIVIDADES

1. Pesquise o significado do nome da rua em que você mora. No caso de sua rua ser formada apenas por números ou letras, peça a um adulto de sua família que caminhe com você pelo bairro para descobrir de que forma essas letras e números estão organizados. Em sala de aula, partilhe suas descobertas com os colegas.

O que há no meu bairro?

Os bairros, partes menores dos municípios, são um conjunto de quarteirões, com ruas, avenidas, praças, moradias e comércios. Neles, vivem pessoas que compartilham os espaços públicos e frequentam os espaços privados em suas atividades cotidianas, criando, dessa forma, uma relação afetiva com eles.

Há diferentes tipos de bairros. Alguns são residenciais, outros comerciais e outros industriais.

Bairro residencial. Barra do Garças, Mato Grosso.

Bairro comercial. Florianópolis, Santa Catarina.

Bairro industrial. Campinas, São Paulo.

Como é o bairro em que você mora? Conte aos colegas.

Os bairros têm história

A história de um bairro está no nome das ruas, de suas vias, nas construções e em muitos outros lugares. As construções, os objetos, as fotografias e até as memórias das pessoas são importantes para a História, pois trazem informações do cotidiano da comunidade que vivia nesse lugar no passado e são parte do dia a dia da comunidade do presente.

Busto de Manuel Faustino dos Santos Lira, personagem importante para a história do município de Salvador e para o estado da Bahia. Praça da Piedade, Salvador, Bahia.

Os bairros mudam com o passar do tempo por vários motivos. Os seres humanos modificam o ambiente para atender às suas necessidades, por exemplo, constroem moradias, estradas, comércios, indústrias etc.

Observe as imagens do bairro Campos Elíseos, na cidade de São Paulo.

Cruzamento da Rua Conselheiro Nébias com a Alameda Glete. Campos Elíseos, São Paulo, São Paulo. À esquerda, imagem do início da primeira década do século 20; à direita, imagem de 2017.

ATIVIDADES

1 Escreva no quadro a seguir as atividades cotidianas que você consegue fazer em seu bairro e as que faz em outro bairro.

Atividades que faço em meu bairro	Atividades que faço em outro bairro

2 Com o professor, caminhe pelas ruas em torno da escola observando as construções, as ruas, as praças, as pessoas, os estabelecimentos etc. Anote tudo o que chamar sua atenção e apresente sua descoberta aos colegas. Escreva, em seu caderno, as descobertas que foram comuns à maioria dos alunos.

A formação de um município

Um conjunto de ruas e quarteirões forma um bairro. Um conjunto de bairros forma um município. O município, geralmente, tem uma área urbana, chamada de cidade, e uma área rural, chamada de campo.

O município é responsável pelo bem-estar de seus moradores, os munícipes. Para isso, ele conta com uma estrutura e uma equipe de funcionários a serviço da comunidade, conforme estudaremos na próxima unidade.

Os munícipes adultos contribuem ao pagar os **impostos**, pois esse dinheiro é convertido em serviços para a população. Cabe a eles também escolher o prefeito e os vereadores, bem como acompanhar e fiscalizar o trabalho dos políticos.

Além disso, todos os moradores do município devem respeitar as leis e os demais cidadãos e cuidar dos espaços públicos.

Vista aérea de Guaíra, São Paulo, 2018. Na imagem, é possível observar a área urbana e a área rural do município.

Placa informando obra pública de eletrificação. Una, Bahia, 2019.

GLOSSÁRIO

Imposto: contribuição em dinheiro que o Estado cobra dos cidadãos para financiar as despesas gerais da administração pública.

Os patrimônios históricos

Algumas construções são tão importantes para a história de um bairro ou de uma cidade que recebem um tratamento especial: tornam-se **patrimônios históricos**.

> **Patrimônio histórico** é um título dado a tudo que foi criado no passado e é considerado valioso para um povo, importante o suficiente para ser preservado para as gerações futuras.

A cidade de Ouro Preto foi fundada no século 17 e ainda hoje guarda muitas construções que remetem ao passado do país. Essas construções são tão importantes que todo o centro da cidade foi demarcado como patrimônio histórico. À esquerda, Praça Tiradentes na década de 1920 do século 20. À direita, mesmo local em 2019.

Existem dois tipos de patrimônio histórico: o material e o imaterial. O **patrimônio material** é formado pelo conjunto de bens que podemos de alguma forma tocar, como as construções, as coleções arqueológicas, os objetos dos museus, os documentos oficiais, as fotografias e os filmes. Já os **patrimônios imateriais** são as práticas culturais que marcam um povo, como as danças populares, os saberes e os modos de fazer.

Todos os patrimônios, pertencem a nós. Eles são propriedades da população e, por essa razão, devem ser preservados.

Apresentação folclórica do Bumba meu Boi. Salvador, Bahia.

 **ATIVIDADES**

1 Por que os monumentos históricos são importantes?
_____
_____

2 Quais construções históricas existem perto de onde você mora? Elas estão preservadas?
_____
_____

3 Assinale as informações que precisam constar em um endereço.

☐ Nome da rua. ☐ Nome do bairro.

☐ Número da moradia. ☐ Número do telefone.

☐ Código de Endereçamento Postal. ☐ Nome da cidade.

4 Por que é importante que as ruas tenham nome e as moradias tenham números?
_____
_____

5 Ligue o tipo de bairro com a característica principal dele.

- bairro comercial   ■ Formado por muitas moradias, com pouco comércio.

- bairro industrial   ■ Constituído por comércios e próximo ao centro da cidade.

- bairro residencial ■ Predominam indústrias. Há poluição e circulação de caminhões.

6 Observe as fotografias a seguir.

Vista do Aqueduto da carioca, também conhecido como Arcos da Lapa, no bairro da Lapa. Rio de Janeiro, Rio de Janeiro. A imagem à esquerda é de 1985; a imagem à direita é de 2016.

a) As duas fotografias são do mesmo lugar em épocas diferentes. O que mudou e o que permaneceu nessa paisagem?

_____

_____

b) O que você considera que deveria ser preservado para que os moradores atuais desse lugar conhecessem melhor seu passado? Justifique.

_____

_____

7 Assinale a afirmativa correta.

☐ Os monumentos são importantes porque mostram às gerações futuras a história das pessoas e os acontecimentos.

☐ Os monumentos são marcas do passado e não fazem parte do patrimônio de um povo.

PEQUENO CIDADÃO

Preservar o espaço público

Veja algumas maneiras de contribuir para a preservação dos espaços públicos.

- Não jogue lixo nas ruas.
- Não faça pichações.
- Não deprede o **patrimônio público**.
- Colabore para a manutenção da limpeza e organização das praças, parques e áreas verdes.

Mutirão de limpeza na orla marítima. Rio de Janeiro, Rio de Janeiro.

GLOSSÁRIO

Patrimônio público: bens que estão à disposição de toda a população, como ruas, praças e jardins públicos, lixeiras de rua, telefones públicos etc.

Algumas vezes os sinais de trânsito ficam sujos ou são vandalizados, dificultando sua interpretação pelos motoristas. Preservar as placas de trânsito é uma forma de contribuir para a manutenção do patrimônio público.

Placa de sinalização de velocidade em bom estado. Salvador, Bahia.

ATIVIDADES

1 Observe os espaços públicos por onde você passa todos os dias. Em seu caderno, escreva quais melhorias você considera que poderiam ser feitas para que eles servissem ainda melhor à população local.

UNIDADE 2
COMO FUNCIONA O MUNICÍPIO?

Pelourinho em frente à Igreja de São Francisco. Mariana, Minas Gerais.

As primeiras cidades surgiram há mais de 10 mil anos, quando grupos de seres humanos se fixaram em uma região, estabelecendo suas moradias, formando estoques de alimentos e, posteriormente, comercializando com outros grupos.

No Brasil, as primeiras cidades surgiram após a chegada dos portugueses. Elas começaram como pequenos povoados, que cresceram e se tornaram vilas. Nessa época, todas as vilas tinham uma Câmara Municipal – onde se elaboravam as leis e ficavam as pessoas que fiscalizavam a administração – e um pelourinho – coluna em praça pública onde os criminosos eram punidos.

Com o tempo, essas vilas ficaram mais populosas e passaram a ter uma diversidade maior de atividades. Assim, foi necessário, além da Câmara Municipal, criar uma Prefeitura, onde o prefeito e seus funcionários trabalhariam para atender às necessidades da população e administrar os recursos do município.

> **Município** é o nome dado a uma área administrativa de um estado; ele é dividido em cidade e campo.

Compromisso com os munícipes

Assim como ocorre nas escolas, nos bairros e na vizinhança, os moradores de um município também formam uma comunidade: eles são chamados de **munícipes**.

A organização, os projetos e os serviços públicos de um município devem ter como objetivo o bem-estar dos munícipes. Essa responsabilidade está registrada no artigo 182 da Constituição Federal, a maior lei do país. Segundo a Constituição, a cidade deve oferecer qualidade de vida a todos os munícipes, ou seja, **infraestrutura** e oportunidades de moradia, transporte, educação, lazer, saúde, cultura e trabalho.

Para cumprir com sua função pública, o prefeito – administrador do município – conta com a ajuda de secretários e vereadores. Os secretários são responsáveis por administrar e cuidar de benfeitorias de uma área específica, e é por essa razão que nos municípios há Secretaria de Saúde, Secretaria da Educação, Secretaria de Transporte, entre outras. Já os vereadores são responsáveis por elaborar as leis municipais.

> O prefeito e os secretários trabalham na Prefeitura. Os vereadores trabalham na Câmara Municipal.
> O prefeito e os vereadores são eleitos pela população e ocupam o cargo durante quatro anos.

GLOSSÁRIO

Infraestrutura: conjunto de serviços indispensáveis para o funcionamento de um município, como abastecimento e distribuição de água, energia elétrica, saneamento básico, transporte público etc.

Com o dinheiro arrecadado em impostos pagos pelos munícipes, o prefeito e os secretários investem em serviços públicos, como os apresentados a seguir.

Limpeza e saneamento básico. São Paulo, São Paulo.

Escola. Itaguaçu da Bahia, Bahia.

Hospital e posto de saúde. Campo novo do Parecis, Mato Grosso.

Cultura e lazer. Aurillac, França.

Área rural e área urbana do município

Os municípios são formados por uma área urbana e uma área rural. No Brasil, a maior parte da população mora nas áreas urbanas.

Área urbana

Na área urbana é possível encontrar grande concentração de pessoas e de espaços públicos – como escolas, universidades, hospitais, além de **estabelecimentos privados** – como cinemas, supermercados, *shopping centers* etc. Nessa área costuma haver comércios e indústrias.

Área urbana de Goiânia, Goiás.

 GLOSSÁRIO

Estabelecimento privado: empresas comerciais, privadas ou particulares, que são cuidadas e mantidas por seus proprietários.

Área rural

Nas áreas rurais predominam atividades agropecuárias, agroindustriais, extrativistas ou de conservação ambiental. Nelas, estão as principais demarcações de terras indígenas do país. Nesses lugares, os indígenas exercem suas atividades produtivas – como caça, extrativismo e artesanato – e preservam sua cultura e tradições.

Em áreas rurais há poucos moradores. Borá (São Paulo), por exemplo, tem cerca de 850 habitantes.

1 O que é um município?

_____

2 Em uma cidade, as áreas de convívio de todos os munícipes são chamadas de **espaços públicos**. Circule, na ilustração a seguir, espaços públicos que você identificou.

3 Assinale a afirmativa correta.

☐ Nas áreas rurais há muitos estabelecimentos privados.

☐ A maior parte da população brasileira vive nas áreas urbanas dos municípios.

☐ Nas áreas urbanas há atividades agropecuárias.

4 O que os indígenas fazem nas terras que o governo destina a eles?

_____

Os trabalhadores dos municípios

O prefeito, os secretários e os vereadores são algumas das pessoas que trabalham para que os munícipes tenham boas condições de vida. Muitas outras pessoas também trabalham com esse mesmo objetivo. Alguns deles são funcionários públicos, pessoas que trabalham para a melhoria da cidade e recebem seus salários do pagamento de impostos, como os garis. Outros trabalhadores, apesar de não serem funcionários públicos, são igualmente importantes para a vida dos munícipes, como os comerciantes.

Os garis são profissionais que existem há muito tempo, estão presentes no cotidiano das pessoas e são essenciais para o bom funcionamento do município. Apucarana. Paraná, 2020.

No entanto, outras profissões foram deixando de existir ou surgindo nos municípios. No passado, as cidades precisavam, por exemplo, de despertadores humanos, pessoas que todas as manhãs batiam nas portas e nas janelas dos moradores para que eles acordassem no horário. Com o desenvolvimento tecnológico, atualmente as pessoas usam diferentes despertadores, que emitem avisos sonoros para acordá-las no horário. Assim, os despertadores humanos não existem mais. Por outro lado, surgiram os engenheiros e programadores de computador, que criam as tecnologias usadas pelos aparelhos eletrônicos nos aplicativos que usamos.

Despertador humano. Manchester, Inglaterra, 1912.

Despertador digital atual.

ATIVIDADES

1 Observe as ilustrações a seguir e circule os profissionais que trabalham para o funcionamento do município.

2 Os funcionários públicos são pessoas que trabalham nos serviços que o governo oferece para a população. Como são pagos os salários dessas pessoas?

_____

_____

3 No quadro de profissões a seguir, faça um **X** nas profissões que não existem mais.

> bombeiro   farmacêutico   carvoeiro
> jornalista   fornalheiro   anestesista
> leiteiro   datilógrafo   contador   telefonista

Dica: Você pode pedir ajuda aos adultos que moram com você para resolver essa questão.

SAIBA MAIS

Onde fica a história do município?

É possível conhecer a história de seu município ou de qualquer outro observando os elementos que estão ao redor.

O primeiro passo é investigar o nome do município, pois geralmente ele está relacionado à sua fundação. Alguns receberam o nome de um santo padroeiro, outros de algum rio importante para a região, outros ainda têm o nome de uma atividade econômica.

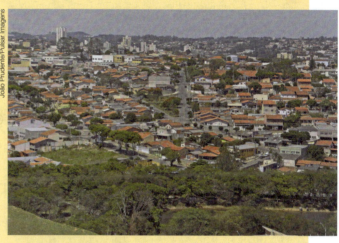

Valinhos foi oficialmente declarado município em 1953. O nome foi inspirado nos vales, forma de relevo predominante na região.

Você também pode conhecer um pouco mais a história do município ao visitar as construções mais antigas, ler os jornais e ver fotografias, além de conversar com os moradores mais velhos. Em municípios mais urbanizados é possível visitar museus, bibliotecas e casas de cultura, que sempre têm informações do passado.

Ao visitar o Museu do Café, por exemplo, um morador da cidade de Santos, no estado de São Paulo, pode conhecer um pouco melhor como essas plantações e a venda desses grãos foram importantes para a cidade por muitas décadas.

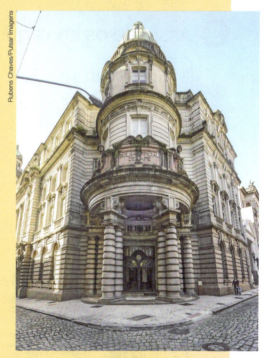

Museu do Café. Santos, São Paulo.

A história do município está em toda parte, basta olharmos ao redor procurando por ela.

ATIVIDADES

1 Numere os locais a seguir por ordem crescente.

☐ município ☐ povoado ☐ vila

2 Complete:

a) As pessoas que moram em um município são chamadas de _____.

b) O prefeito é responsável por _____ o município.

c) Os _____ elaboram as leis do município.

d) Os _____ ajudam o prefeito na administração cuidando de áreas específicas, como saúde, transporte e educação.

3 Assinale os itens que todos os municípios têm.

☐ Prefeitura ☐ hospital ☐ área urbana

☐ corpo de bombeiros ☐ Câmara Municipal ☐ fazendas

☐ área rural

4 Circule os profissionais que existem em seu município.

5) Analise as fotografias e faça o que se pede.

As duas paisagens são do município de Santana do Livramento, Rio Grande do Sul.

a) Identifique a imagem que retrata a área rural e a que retrata a área urbana de um município.

_____

b) Agora descreva, aos colegas e ao professor, as características das imagens.

_____

_____

6) Por que é importante que todos os cidadãos paguem impostos?

_____

_____

_____

PESQUISANDO

1) A forma de nos alimentarmos também nos dá pistas da história de nosso município. Forme um grupo com os colegas e, juntos, pesquisem quais são os pratos típicos da região em que vocês moram. Em seguida, busquem na internet ou na biblioteca qual é a origem desses pratos e como eles foram introduzidos na região. Depois, conversem com seus familiares sobre os modos de fazer essa comida e como aprenderam a cozinhá-la. Em sala de aula, discutam com os outros colegas suas descobertas.

UNIDADE 3
UM PAÍS DE MUITOS POVOS

O Brasil é um dos maiores países do mundo. Em seu enorme território existem, atualmente, 5 570 municípios, cada um com sua própria história. Mas todos têm um ponto em comum: sua origem tem relação direta com a própria história do Brasil.

Durante muito tempo, a grande maioria das pessoas conhecia apenas os lugares próximos de onde nascia e vivia. As exceções costumavam ser os comerciantes, que se deslocavam de um lugar para o outro em busca de mercadorias.

Isso começou a mudar há pouco mais de 500 anos, quando navegadores europeus partiram em viagens cada vez mais distantes e chegaram a muitos lugares até então desconhecidos.

Esse período ficou conhecido como Grandes Navegações.

Os caminhos das mercadorias

Há mais de cinco séculos, o comércio de **especiarias**, porcelanas, tecidos e pedras preciosas era muito lucrativo na Europa. Os comerciantes portugueses, por exemplo, compravam essas mercadorias em terras distantes, como a Índia ou a China, e depois as vendiam bem mais caro na Europa.

Especiaria: substância usada para conservar e temperar alimentos ou fazer chás curativos. Algumas delas são a canela, o cravo, a pimenta e o gengibre.

Para chegar até lá e voltar, os comerciantes percorriam rotas longas e perigosas e passavam por várias cidades.

Com o objetivo de obter mais mercadorias a preços menores, eles decidiram procurar rotas marítimas que os levassem diretamente aos centros de comércio, como Calicute, na Índia.

Nos séculos 15 e 16, os europeus não conheciam bem o continente que atualmente chamamos de Ásia. Por esse motivo, quando viajavam para a Índia, China ou regiões próximas, eles diziam que estavam indo para as Índias.

ATIVIDADES

1 Por que os portugueses desejavam encontrar novas rotas marítimas? Assinale abaixo a resposta correta.

☐ Porque estavam fugindo da guerra.

☐ Para procurar um caminho mais barato até as Índias.

☐ Porque precisavam descobrir novos continentes.

2 Use as palavras do quadro para escrever o nome correspondente de cada uma das especiarias.

> baunilha   canela   coentro   cravo   cúrcuma
> erva-doce   gengibre   noz-moscada   orégano

3 Hoje em dia, antes de viajarmos para um lugar desconhecido, podemos nos informar sobre ele de várias maneiras, principalmente pesquisando na internet. Há mais de 500 anos, como uma pessoa poderia se informar sobre lugares distantes, como o Oriente? Registre em seu caderno suas hipóteses.

SAIBA MAIS

As especiarias

Na época das Grandes Navegações, as especiarias eram usadas no preparo de conservantes, temperos, chás e perfumes.

Uma das mais valorizadas era a pimenta-do-reino, que tinha a capacidade de conservar as carnes e lhes dar sabor. Sem a adição dessa especiaria, elas estragavam rapidamente.

O cravo-da-índia e o gengibre, por exemplo, eram usados como temperos e no preparo de chás, consumidos tanto pelo sabor quanto por suas propriedades medicinais.

Hoje em dia, as especiarias raramente são usadas para conservar alimentos. Com a invenção da geladeira e a fabricação de conservantes industrializados, o uso delas ocorre quase exclusivamente na culinária, para dar novos sabores aos pratos.

Arroz com cúrcuma e carne com molho de pimenta.

1 As especiarias podiam ser utilizadas de diversas formas. Sabendo disso, ligue as colunas.

O incentivo às navegações

Os reis de Portugal incentivaram as viagens marítimas. Com isso, os pesquisadores desenvolveram novas técnicas de navegação e descobriram formas de construir embarcações melhores. Assim, surgiram as caravelas, que eram resistentes, rápidas e leves, e diversos instrumentos foram criados ou modernizados.

Além das caravelas, os portugueses aprimoraram instrumentos de orientação, como a bússola, o astrolábio e a carta náutica.

Ilustração de caravelas portuguesas do século 16, empregadas nas expedições para a Índia e o Brasil (detalhe).

A bússola é utilizada por navegantes até hoje. Ao saber a localização de um ponto, o norte, as pessoas conseguem se orientar com precisão.

O astrolábio era usado para observar e medir as posições aparentes dos astros e estrelas no céu, o que ajudava os navegantes a se guiar em alto-mar.

Planisfério de Cantino (1502), a mais antiga e conhecida carta náutica portuguesa. A carta náutica era um tipo de mapa dos mares. Nela havia a indicação de áreas de risco e de áreas onde os ventos eram mais favoráveis às navegações.

SAIBA MAIS

Os perigos do mar

As viagens marítimas chegavam a durar meses, mas só havia alimentos frescos nos primeiros dias de viagem. Com o passar do tempo, os biscoitos emboloravam e o vinho azedava. Assim, era importante que a distribuição da comida fosse controlada.

Além disso, naquela época, havia muitas lendas sobre monstros que habitavam os mares desconhecidos.

Frei André Thevet. *Peixe voador visto pelo autor*, 1575. Xilogravura, 13,5 cm × 15,4 cm.

1 Leia a frase a seguir.

Os portugueses influenciaram a alimentação brasileira por terem usado bastante o sal e por terem apresentado o açúcar aos indígenas e, posteriormente, aos africanos.

a) Quais foram as duas contribuições dos portugueses para a alimentação brasileira?

b) Observe os alimentos que você costuma consumir no dia a dia. Depois, responda: Você concorda com a afirmação do texto acima?

c) Pesquise dois alimentos que representam os dois exemplos citados na frase.

As principais viagens

O período das Grandes Navegações também foi marcado por alguns viajantes e suas viagens mais famosas.

Cristóvão Colombo

Um dos primeiros europeus a encontrar um caminho marítimo da Europa para a América foi Cristóvão Colombo. Ele deveria descobrir uma nova rota para as Índias e planejava navegar em linha reta pelo Oceano Atlântico.

No dia 12 de outubro de 1492, Colombo chegou a uma pequena ilha. Como ele acreditava ter chegado às Índias, chamou os nativos de índios e a ilha de San Salvador. No entanto, os povos que já habitavam a ilha chamavam-na de Guanaani.

Viagem de Colombo (1492)

Fonte: Flavio de Campos e Miriam Dolhnikoff. *Atlas História do Brasil.* São Paulo: Scipione, 2006. p. 5.

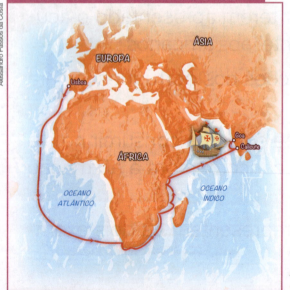

Viagem de Vasco da Gama (1497-1498)

Vasco da Gama

O navegador português Vasco da Gama liderou uma expedição que partiu de Lisboa (Portugal) em dezembro de 1497 e chegou a Calicute (Índia) em maio de 1498, contornando o continente africano. Foi uma viagem longa e perigosa, mas também bastante lucrativa.

Fonte: Claudio Vicentino. *Atlas histórico: geral e do Brasil.* São Paulo: Scipione, 2011. p. 90.

Pedro Álvares Cabral

Pedro Álvares Cabral também partiu de Portugal em direção às Índias, mas tinha como missão verificar a existência de terra do outro lado do Oceano Atlântico.

Os portugueses avistaram terra firme no dia 21 de abril de 1500 e desembarcaram no dia seguinte em um lugar seguro. Foi assim que eles chegaram às terras que hoje são o Brasil. Naquela época, elas já eram habitadas por diversos povos, que também foram chamados de índios pelos portugueses.

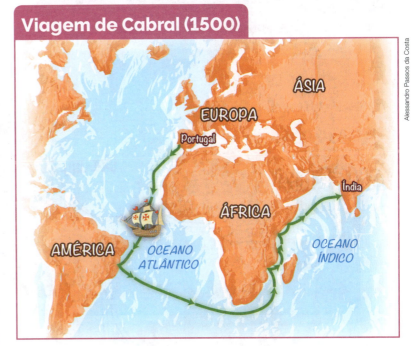

Fonte: Claudio Vicentino. *Atlas histórico: geral e do Brasil.* São Paulo: Scipione, 2011. p. 90.

A Costa do Descobrimento

Não se sabe o local exato em que os portugueses desembarcaram pela primeira vez na América. Alguns dizem que o local de desembarque da tripulação de Cabral pertence ao atual município de Porto Seguro, na Bahia.

Outros acreditam que esse local faça parte do atual município de Santa Cruz Cabrália, ao lado de Porto Seguro.

De todo modo, não há muita dúvida de que os primeiros contatos entre portugueses e indígenas ocorreram naquela região, que, por esse motivo, é chamada de "Costa do Descobrimento".

1 Observe o mapa abaixo e faça o que se pede.

Viagens marítimas (final do século 15)

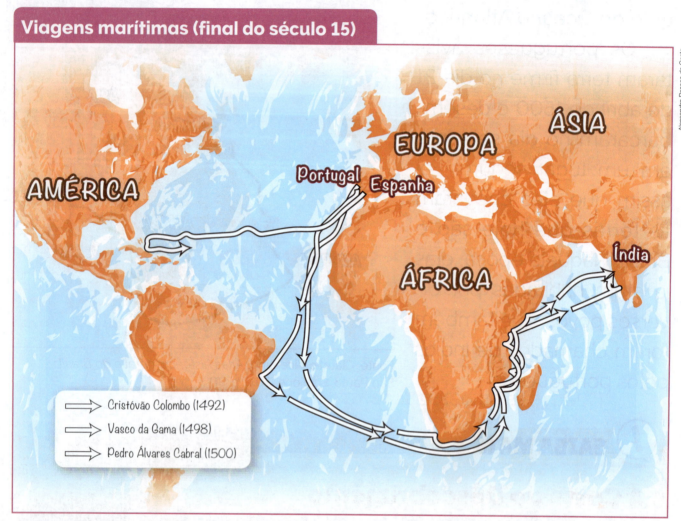

Fonte: Claudio Vicentino. *Atlas histórico: geral e do Brasil*. São Paulo: Scipione, 2011. p. 90.

a) Localize o **Oceano Atlântico** e escreva o nome dele no mapa.

b) Pinte com lápis roxo o trajeto percorrido por **Cristóvão Colombo** em 1492.

c) Pinte com lápis laranja o trajeto percorrido por **Vasco da Gama** entre 1497 e 1498.

d) Pinte com lápis verde o trajeto percorrido por **Pedro Álvares Cabral** em 1500.

e) Circule o continente onde está localizado o Brasil.

2 Observe a pintura e responda às questões.

Oscar Pereira da Silva. *Desembarque de Pedro Álvares Cabral em Porto Seguro em 1500*, 1922. Óleo sobre tela, 1,90 m × 3,33 m.

a) Qual acontecimento é retratado nessa pintura?

_____

_____

b) Quem são as pessoas retratadas na pintura?

_____

c) Quais diferenças você observa entre as pessoas representadas?

_____

_____

_____

d) Como você imagina a reação dos nativos ao perceberem a presença dos viajantes?

_____

_____

_____

UNIDADE 4
EM TERRAS INDÍGENAS

Quando chegaram às terras que hoje são o Brasil, em 1500, os tripulantes da esquadra de Cabral encontraram os indígenas do povo tupi e fizeram os primeiros contatos, que ocorreram de forma pacífica.

No entanto, mesmo com o encontro pacífico, os costumes diferentes causavam espanto aos portugueses e aos indígenas: as roupas, a alimentação, o idioma e a cor da pele eram algumas das diferenças entre eles.

Outra grande diferença entre portugueses e indígenas era a religião: os indígenas acreditavam na existência de diversos deuses ligados à natureza, como o Sol, a Lua e os trovões. Já os portugueses eram católicos. Assim, uma das ações deles quando chegaram a estas terras foi rezar uma missa, no dia 26 de abril de 1500.

Victor Meirelles. *A primeira missa no Brasil*, 1860. Óleo sobre tela, 2,68 m × 3,56 m.

Igreja Nossa Senhora dos Passos

Além de rezarem missas, os primeiros portugueses que ocuparam o que hoje é o Brasil também construíram igrejas.

Erguer igrejas era uma das primeiras ações dos portugueses quando chegavam a um novo local. Elas reforçavam o poder da religião e também do rei de Portugal.

Uma das igrejas construídas em 1526 foi a Nossa Senhora da Misericórdia, que recebeu o nome de Igreja Nossa Senhora dos Passos. Localizada em Porto Seguro, a igreja funciona atualmente como museu de arte sacra. Suas paredes e a parte central são originais.

Entre os objetos que existem lá, está uma imagem de Nosso Senhor dos Passos, de 1585, feita com vidro, marfim e rubi.

Igreja Nossa Senhora dos Passos. Porto Seguro, Bahia.

1. Observe a pintura na página anterior e responda:

    a) Qual acontecimento histórico foi retratado na pintura?

    b) Em que ano ele ocorreu?

    c) O que os indígenas retratados estão fazendo?

    d) Em sua opinião, por que o pintor retratou os indígenas dessa forma?

    e) A pintura foi feita quantos anos depois do acontecimento que ela retrata?

2. Ainda em relação à pintura, analise todos os elementos que formam a imagem e faça uma cópia dela em uma cartolina. Use a criatividade!

A carta de Caminha

Alguns dias após a realização da primeira missa no Brasil, um dos navios da expedição de Cabral regressou a Lisboa para avisar ao rei de Portugal, Dom Manuel, sobre a confirmação da existência de terras do outro lado do oceano.

No navio que retornou havia uma carta escrita por Pero Vaz de Caminha, o **escrivão** da esquadra. Essa carta foi o primeiro texto escrito no Brasil, com data de 1 de maio de 1500.

Leia, a seguir, um trecho da carta escrita por Pero Vaz de Caminha ao rei de Portugal.

> Enquanto assistimos à missa e ao sermão, estaria na praia outra tanta gente [...] com seus arcos e seta, e andava folgando. E olhando-nos, sentaram. E depois de acabada a missa, quando nós sentados atendíamos a pregação, levantaram-se muitos deles [...] e começaram a saltar e dançar um pedaço. [...]

Pero Vaz de Caminha. A Carta. *In*: Domínio Público. Disponível em: http://www.dominiopublico.gov.br/download/texto/bv000292.pdf. Acesso em: 24 abr. 2020.

GLOSSÁRIO

Escrivão: pessoa encarregada de anotar informações ou acontecimentos por escrito.

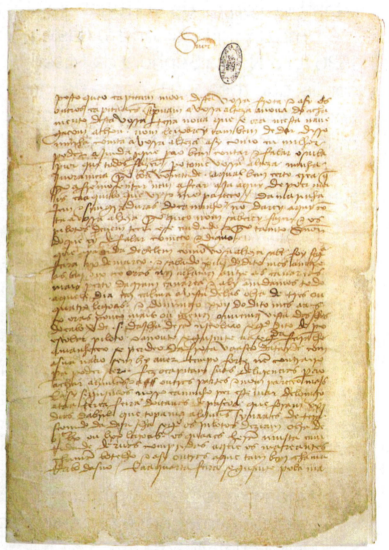

Carta de Pero Vaz de Caminha ao rei de Portugal, Dom Manuel.

ATIVIDADES

1 Quem é o autor do primeiro texto escrito no Brasil?

_____

2 Segundo a carta de Caminha, o que os indígenas fizeram:

a) durante a missa?

_____

_____

b) depois da missa?

_____

3 A carta de Caminha mostra o olhar dos navegantes portugueses sobre os indígenas. Imagine que você estivesse presenciando a cena do encontro de indígenas e portugueses. Como você descreveria a cena?

_____

_____

_____

4 Que tal escrever uma carta relatando alguma de suas descobertas ou vivências? Para isso, siga o roteiro.

1. Pense em uma pessoa para quem você pudesse enviar uma carta que narrasse um acontecimento de sua vida.
2. Escreva na carta o local e a data.
3. Faça uma saudação à pessoa que lerá sua carta.
4. Escreva o que desejar e relate sua experiência.
5. Faça uma despedida.
6. Assine a carta.

Depois de escrita a carta, apresente-a aos colegas.

Os povos indígenas

A carta de Caminha mostra que os portugueses descobriram a existência dos indígenas assim que desembarcaram dos navios. Mas havia muito mais coisas que eles não sabiam.

Acredita-se que no ano de 1500, aproximadamente, 5 milhões de indígenas habitavam estas terras. Os primeiros indígenas que tiveram contato com os portugueses foram os tupis. Eles viviam no litoral e falavam a língua tupi, que foi a mais falada no Brasil durante muito tempo, mesmo depois da chegada dos portugueses.

Cada grupo indígena tinha seus próprios hábitos e crenças. Muitos povos eram inimigos e até mesmo guerreavam entre si. Ainda assim, havia várias semelhanças entre eles.

As diversas sociedades indígenas brasileiras faziam suas festas e cerimônias, como o ritual do Kuarup. Indígenas da etnia kalapalo, Aldeia Aiha. Parque Indígena do Xingu, Mato Grosso.

 **ATIVIDADES**

1 Descreva a imagem da página anterior.

a) Quem são as pessoas mostradas?
_____

b) O que elas estão fazendo?
_____

c) Como essas pessoas estão vestidas?
_____
_____

2 Agora, veja a imagem ao lado. Ela também mostra pessoas celebrando o Kuarup.

a) Pinte a imagem com as cores que você acha que eram utilizadas pelos indígenas em eventos como o ritual do Kuarup.

b) Circule com caneta colorida o objeto que não tem relação com as antigas tradições dos povos indígenas.

c) Você acha que esse objeto deveria estar presente nesse evento ou não? Marque sua resposta:

☐ Sim.   ☐ Não.

Por quê? _____
_____

Os indígenas na atualidade

A população indígena do Brasil diminuiu bastante desde a chegada dos portugueses, em 1500. Ao longo dos anos, muitos indígenas morreram em confrontos com os europeus e por causa de doenças trazidas pelos navegantes, como a gripe e o sarampo.

Hoje sabemos que no Brasil há aproximadamente 305 diferentes povos indígenas, que falam cerca de 270 línguas. Grande parte dessa população vive atualmente em terras reservadas para ela, onde pode conservar seus costumes e modos de vida. Há também muitos indígenas morando em áreas urbanas.

Muitos indígenas do Brasil não vivem mais nas matas e sim nas cidades. Na fotografia, família indígena guarani mbya fazendo compras em supermercado. São Paulo, São Paulo, 2017.

Criança indígena treinando o uso do arco e flecha. Etnia sateré-mawé, Aldeia Inhaã-Bé, Igarapé do Tiú. Manaus, Amazonas, 2018.

ATIVIDADES

1 Veja, a seguir, duas imagens de diferentes épocas da região que hoje é ocupada pela Mooca, bairro do município de São Paulo.

a) Quais são as principais mudanças entre as duas imagens?

_____
_____
_____
_____
_____

b) Qual imagem mostra a época mais antiga? Por quê?

_____
_____
_____
_____
_____

c) Pesquise a origem do termo Mooca. Anote-o no caderno.

d) O nome do bairro tem mais a ver com qual imagem? Por quê?

e) Por que você acha que o nome do bairro foi mantido?

2 Após a chegada dos portugueses, muitas terras e populações indígenas desapareceram. Observe os mapas a seguir e faça o que se pede.

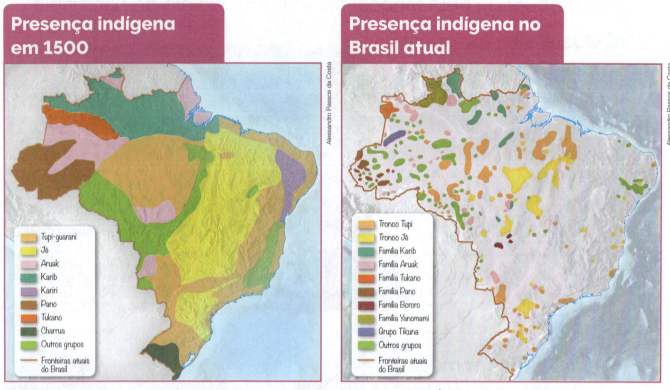

Fonte: José Jobson de A. Arruda. *Atlas histórico básico*. 17. ed. São Paulo: Ática, 2011. p. 35.

a) Qual era o povo indígena predominante no litoral brasileiro?

_____

b) Que mudanças você observa na distribuição das populações indígenas pelo Brasil?

_____

_____

c) Localize no mapa do Brasil a região em que você mora. Existem populações indígenas nela? Quais?

_____

_____

_____

PEQUENO CIDADÃO

As reservas indígenas

Atualmente muitos indígenas vivem em reservas. Essas áreas são terrenos demarcados pelo governo federal para que sejam ocupados apenas pelos povos indígenas. Assim, eles podem viver de acordo com seus costumes e tradições.

Para garantir que os indígenas permaneçam nas reservas, as terras demarcadas não podem ser vendidas nem emprestadas. Além disso, a Fundação Nacional do Índio (Funai), órgão do governo responsável por assegurar os direitos dos povos indígenas no Brasil, controla a entrada de pessoas nas reservas, a fim de evitar uma possível transmissão de doenças, e participa da organização de escolas para as crianças, que são alfabetizadas tanto em língua portuguesa quanto na língua de seu povo.

Crianças do povo kamaiurá brincam enquanto alguns homens pescam no Parque Indígena do Xingu. Localizado em Mato Grosso, o parque é a maior reserva indígena do Brasil.

1. O texto afirma que as reservas indígenas não podem ser vendidas nem emprestadas. Em sua opinião, isso é bom para os indígenas? Por quê?

2. Você acha importante que os indígenas do Brasil aprendam a língua portuguesa? Por quê?

UNIDADE 5
A COLONIZAÇÃO

Depois de receber a notícia da chegada de Cabral, Dom Manuel, o rei de Portugal, organizou a primeira **expedição** para fazer o reconhecimento do local.

Em pouco tempo, os membros da expedição observaram que o lugar não era uma ilha e passaram a chamá-lo de Terra de Santa Cruz. Eles perceberam também que havia uma árvore muito valiosa e em grande quantidade, que mais tarde foi chamada de **pau-brasil**.

O pau-brasil era muito valorizado em Portugal. De seu tronco era extraído um corante vermelho usado naquela época para tingir tecidos. Por isso, rapidamente os portugueses passaram a retirar várias árvores das terras indígenas e transportá-las para Portugal.

Tronco de pau-brasil. O pau-brasil era chamado pelos indígenas de *ibirapitanga*, que na língua tupi significa "madeira vermelha".

GLOSSÁRIO

Expedição: viagem para pesquisar ou explorar um local.

Grande parte do trabalho de extração do pau-brasil era realizada pelos indígenas. Eles derrubavam, cortavam e transportavam a madeira até as **feitorias**.

Os indígenas não usavam dinheiro, por isso, era praticado o escambo entre eles e os portugueses. Em troca de seu trabalho, os indígenas recebiam produtos europeus, como espelhos, facas e machados, considerados objetos de baixo valor pelos portugueses, mas de muita utilidade para os indígenas.

GLOSSÁRIO

Feitoria: construção feita pelos portugueses com o objetivo de servir como abrigo e local de armazenamento de materiais.

ATIVIDADES

1 Como era chamada a troca de materiais entre portugueses e indígenas?

_____

2 Qual é a diferença entre essa troca e o tipo de comércio que, em geral, realizamos atualmente?

_____

3 Ligue os produtos que você acha que poderiam ser trocados entre si por terem valores parecidos.

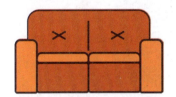

As expedições portuguesas

Nos primeiros anos de ocupação portuguesa, foram realizados três tipos de expedição: exploradoras, guarda-costas e colonizadoras.

Expedições exploradoras

A primeira expedição que Portugal enviou para fazer o reconhecimento do litoral ocorreu em 1501. Comandada por Gaspar Lemos, essa expedição verificou a existência de pau-brasil e foi responsável por nomear os locais em que os navios aportavam.

Fontes: Vera Caldini e Leda Ísola. *Atlas Geográfico Saraiva*. 4. ed. São Paulo: Saraiva, 2013. p. 30; Paulo Miceli. De como o Brasil surgiu no mapa. *In*: Zélio Alves Pinto (org.). *Cadernos paulistas: história e personagens*. São Paulo: Senac: Imprensa Oficial, 2002. p. 36-37.

Em 1503, o rei de Portugal enviou outra expedição exploradora. Chefiada por Gonçalo Coelho, ela foi organizada em conjunto com um grupo de comerciantes portugueses para extrair pau-brasil. Essas expedições trouxeram tripulantes para construir feitorias e permanecer no Brasil trabalhando como intermediários entre os indígenas e os navegantes europeus.

Expedições guarda-costas

A existência de pau-brasil na América despertou o interesse também de espanhóis e franceses, que organizaram expedições com o objetivo de retirar madeira das terras indígenas.

Preocupado com a concorrência, o rei de Portugal enviou novas expedições para patrulhar o litoral e impedir a exploração de pau-brasil por pessoas não autorizadas por ele. As mais importantes foram comandadas por Cristóvão Jaques e ocorreram de 1516 a 1519 e de 1526 a 1528.

Expedições colonizadoras

Como a costa brasileira é muito grande, as expedições guarda-costas não conseguiam conter o **contrabando** de pau-brasil. Assim, a partir de 1530 Portugal decidiu enviar expedições com o objetivo de explorar o litoral, expulsar os navios estrangeiros e fundar vilas e cidades no Brasil.

Martim Afonso de Sousa.

Comandada por Martim Afonso de Sousa, a primeira expedição colonizadora trouxe famílias portuguesas para viver e trabalhar na nova terra, além de armas, animais domesticados, instrumentos agrícolas, sementes e plantas.

 **GLOSSÁRIO**

Contrabando: ato de importar ou exportar mercadorias proibidas ou sem o pagamento de impostos.

1 Marque **E** para expedição exploradora, **G** para expedição guarda-costas e **C** para expedição colonizadora.

☐ Tinha o objetivo de fundar vilas e cidades no Brasil.

☐ Pretendia verificar a existência de pau-brasil no litoral.

☐ Tinha a missão de impedir a exploração do pau-brasil por navios estrangeiros.

2 Observe a imagem abaixo e depois responda às questões.

Giacomo Gastaldi, Giovanni Battista Ramusio. *Delle Navigazioni e Viagg*, 1565. Aquarela, 29,8 cm × 39,2 cm.

a) Quem aparece trabalhando na imagem? O que eles fazem?

_____

b) Onde estão os portugueses na imagem? O que eles estão fazendo?

_____

O início da colonização

Colônia é um grupo de pessoas que tem características em comum e vive em determinada região, muitas vezes longe de seu lugar de origem.

No caso do Brasil, as primeiras colônias foram formadas por grupos de portugueses que passaram a viver nestas terras. Esse processo de transformação de um lugar em colônia foi chamado de **colonização**.

A construção de igrejas católicas foi um marco importante na colonização portuguesa. Na fotografia, Igreja Matriz de São Cosme e São Damião, em Igarassu, Pernambuco. Essa igreja começou a ser construída em 1535 e já passou por diversas reformas até hoje.

Ele começou com a expedição de Martim Afonso de Sousa. Foram os membros dessa expedição que fundaram, em 1532, a Vila de São Vicente, considerada a primeira vila do Brasil.

As vilas eram povoadas por pessoas com interesses diversos. Além dos portugueses interessados na exploração de riquezas, havia padres que queriam converter os indígenas ao catolicismo.

ATIVIDADES

1 A população indígena que vivia no que se tornou a Vila de São Vicente pode ser chamada de colônia? Assinale a opção correta.

☐ Sim, porque tinham características comuns e viviam longe de seu lugar de origem.

☐ Não, porque as colônias no Brasil foram criadas com a chegada dos portugueses.

As capitanias hereditárias

Para facilitar a ocupação da colônia, em 1534 o rei Dom João 3º dividiu a colônia em 15 grandes lotes de terra, que foram chamados de capitanias hereditárias.

Os lotes foram doados a 12 nobres portugueses, chamados de donatários. Eles podiam fundar vilas, escolher os administradores de suas capitanias e cobrar taxas dos moradores. Entretanto, não podiam vendê-las, porque eram hereditárias, isto é, passadas de pai para filho.

O sistema de capitanias passou por muitas dificuldades. Os donatários não conheciam bem a região e vários deles entraram em conflito com os indígenas, que resistiam à ocupação de suas terras.

Além disso, a falta de auxílio por parte do governo fez com que alguns donatários desistissem de assumir suas capitanias mesmo antes de conhecê-las.

Capitanias hereditárias (século XVI)

Fonte: Cláudio Vicentino. *Atlas histórico: geral e Brasil*. São Paulo: Scipione, 2011. p. 100.

O mapa mostra a divisão das capitanias hereditárias. Nele, cada faixa colorida corresponde a uma capitania diferente.

 **ATIVIDADES**

1) Ligue as colunas.

Administração colonial

Administração atual

- Divisão entre estados e municípios.
- Lotes de terras doados pelo rei de Portugal.
- Conflitos com indígenas.
- Concursos públicos para trabalhar em cargos do governo.
- Assistência às populações indígenas.
- Transmissão hereditária.

 BRINCANDO DE HISTORIADOR

1) Você viu o exemplo das capitanias hereditárias, que eram as terras passadas de pai para filho. Podemos encontrar em nossa família objetos e até imóveis que também passaram de uma geração a outra. Converse com um adulto que mora com você, faça as perguntas a seguir e registre as respostas no caderno.

a) Você já recebeu algo que pertenceu a seus pais ou avós? Em caso afirmativo, o quê?

b) Você possui algo que gostaria de dar a seus filhos? Por quê?

O governo-geral

O projeto das capitanias hereditárias não teve o resultado esperado pelo governo português. Assim, em 1548, o rei de Portugal decidiu conceder a administração da colônia a uma única pessoa. Dessa forma, começou o governo-geral.

A convite do rei Dom João 3º, Tomé de Sousa tornou-se o primeiro governador-geral do Brasil. Ele tinha a tarefa de comandar todas as capitanias, defender o território de invasões e explorar as riquezas da terra.

Em seu governo, foi fundada a primeira **capital** do Brasil: São Salvador.

GLOSSÁRIO

Capital: cidade considerada muito importante, onde geralmente vivem e trabalham os principais governantes de uma região ou país.

ATIVIDADES

1 Observe a imagem de um mapa da cidade de Salvador feito em 1671. Quais são os elementos que mostram a importância dessa cidade na época?

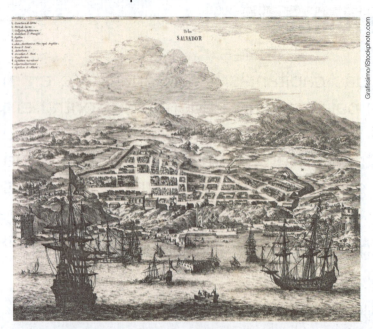

Porto e cidade de Salvador, Bahia, 1671.

PEQUENO CIDADÃO

A Mata Atlântica e o desmatamento

A Mata Atlântica é a vegetação natural de grande parte do litoral do Brasil.

Os povos indígenas sempre tiveram uma relação muito próxima com a natureza, pois é dela que eles retiram seus alimentos e os materiais que usam para construir casas e utensílios.

Por isso, o desmatamento é uma grande ameaça à manutenção do modo de vida de muitas comunidades indígenas.

Observe a seguir a diferença entre a cobertura original da Mata Atlântica e a distribuição atual dessa vegetação.

Mata Atlântica em 1500

Mata Atlântica atual

Fonte: FUNDAÇÃO SOS MATA ATLÂNTICA. Instituto Nacional de Pesquisas Espaciais. *Atlas dos Remanescentes Florestais da Mata Atlântica – período 2014-2015*. Disponível em: http://mapas.sosma.org.br/site_media/download/atlas_2014-2015_relatorio_tecnico_2016.pdf. Acesso em: 13 maio 2020.

1 O que aconteceu com a Mata Atlântica ao longo dos anos?
_____

2 Como você acha que seria possível utilizar os recursos da Mata Atlântica sem destruí-la?
_____
_____

UNIDADE 6
PRIMEIRAS VILAS E CIDADES NO BRASIL

Muitas das grandes cidades atuais já foram pequenos povoados, compostos somente de algumas poucas construções. Ao longo dos anos, contudo, eles cresceram bastante, pois chegaram mais pessoas e muitas construções foram feitas.

Observe as imagens.

Ponte Maurício de Nassau, localizada na cidade do Recife, 1928. Essa ponte interliga os bairros do Recife, ao fundo, e Santo Antônio. Foi a primeira ponte de grande porte do Brasil.

Ponte Maurício de Nassau, Recife, 2017.

As cidades também podem se diferenciar pelo tipo de atividades que praticam. Algumas concentram atividades ligadas, por exemplo, à indústria ou agricultura.

Em outras cidades, o comércio é a principal atividade. Muitas oferecem serviços ligados à tecnologia, à educação e ao lazer.

Essas diferenças também existiam nas cidades de antigamente. Algumas, por exemplo, concentravam a vida política do país, como Salvador, que foi a capital do Brasil de 1549 a 1763, e Rio de Janeiro, capital brasileira entre 1763 e 1960.

Outras eram muito importantes para o transporte e embarque de produtos, como a cidade do Recife que, no século XVII, embarcava grande quantidade de açúcar.

ATIVIDADES

1 A cidade do município em que você vive tem atividades:

> industriais   comerciais   de serviços

a) Quais dessas atividades você costuma presenciar com mais frequência em seu dia a dia?

_____
_____
_____
_____

b) Converse com três pessoas que você conhece e pergunte a elas em que lugar trabalham: na indústria, no comércio ou no setor de serviços.

_____
_____
_____
_____

2 Escreva abaixo de cada imagem o nome da atividade que está sendo representada.

_____   _____

_____   _____

a) Qual das imagens mostra uma cena antiga?

_____

b) Como você acha que o tipo de atividade mostrado nessa imagem é feito hoje?

_____

_____

_____

Cananeia: primeiro povoado português

O primeiro povoado brasileiro habitado por portugueses de que se tem registro foi o de Cananeia, localizado no litoral do estado de São Paulo. Atual centro histórico de Cananeia, São Paulo.

Os indígenas que viviam em Cananeia pertenciam à etnia guarani. Eles foram um dos primeiros povos a ter contato com os portugueses. A região era um dos pontos de uma antiga rota muito importante, que ligava vários povos ao longo de seu percurso. Por isso, era habitada por muitas pessoas.

Em 24 de janeiro de 1502, a expedição de Gaspar Lemos desembarcou nesse local. Lá foi deixado um dos tripulantes, Cosme Fernandes, que se aproximou dos indígenas e passou a receber todos os navios que aportavam na costa, estabelecendo comércio com diversos navegadores europeus. Assim surgiu o povoado que tinha europeus, indígenas e mestiços.

ATIVIDADES

1. Quem vivia na região de Cananeia antes da chegada dos portugueses?

_____

_____

São Vicente: a primeira vila

A primeira vila fundada no Brasil foi a Vila de São Vicente, próxima ao povoado de Cananeia.

O povoado de São Vicente também começou com a expedição de Gaspar de Lemos e foi fundado em 22 de janeiro de 1502, mas durante os primeiros 30 anos foi pouco explorado pelos portugueses.

Na época da colonização, um povoado era elevado a vila quando um oficial português, em nome do rei, determinava que aquele local poderia ter autonomia política e administrativa, ou seja, passava a ter uma câmara de vereadores (que podia decretar leis e cobrar impostos), um pelourinho, uma cadeia pública e uma igreja, além de ter o direito de receber um juiz quando necessário.

Em 1532, após a chegada da expedição comandada por Martim Afonso de Sousa, São Vicente foi elevada à categoria de vila.

A escolha de São Vicente para ser a primeira vila ocorreu devido à sua localização, que facilitava a defesa ou a fuga em caso de ataques indígenas ou de piratas.

Na cidade de São Vicente ainda é possível encontrar vestígios do início da colonização portuguesa. Na fotografia, vê-se a Biquinha de Anchieta. Construída em 1553, essa foi uma das principais fontes de água da população local por muitos anos.

1 A pintura a seguir representa a fundação da Vila de São Vicente. Ela foi produzida em 1900, ou seja, 368 anos depois do acontecimento retratado. Observe-a e responda às questões.

Benedito Calixto. *Fundação de São Vicente*, 1900. Óleo sobre tela, 3,8 m × 1,9 m.

a) Que situação é representada na pintura?

_____

_____

b) Como o pintor retratou os indígenas?

_____

_____

_____

c) Como o pintor retratou os portugueses?

_____

_____

_____

Salvador: a primeira capital

Em 1549 foi fundada a primeira capital do Brasil: São Salvador da Baía de Todos-os-Santos, atual cidade de Salvador. Nesse mesmo ano, muitas pessoas vieram de Portugal para trabalhar e viver nessa cidade.

Marco da fundação da cidade de Salvador, na Bahia.

A cidade foi construída em um terreno elevado, para que de lá se pudessem observar os possíveis invasores chegando ao litoral.

Na parte alta da capital foram construídos os prédios públicos, as igrejas e as construções militares. Assim, a cidade cresceu rapidamente e passou a ser ocupada por muitas pessoas.

Foram erguidas casas, praças e igrejas, mas não eram todos que tinham acesso às construções. As pessoas mais pobres moravam na parte baixa, em casas simples, localizadas em ruas escuras.

Representação da cidade de Salvador publicada em 1624. O cuidado com a defesa e a prevenção contra ataques estrangeiros e indígenas foram fundamentais na construção da capital; por isso, além do terreno elevado, foram construídas muralhas. Assim, só era possível entrar na cidade por duas grandes portas.

Salvador foi a capital do Brasil por mais de 200 anos, o que lhe possibilitou acumular um rico acervo de construções históricas.

Muitas pessoas passaram a viver na cidade após sua fundação. Havia padres, barbeiros, pedreiros, soldados e comerciantes. Quanto mais pessoas chegavam, mais a cidade crescia.

SAIBA MAIS

O centro histórico de Salvador

Muitas construções antigas de Salvador podem ser observadas ainda hoje no centro histórico da cidade.

O bairro mais conhecido do centro histórico é o Pelourinho. Quem caminha por ele pode ver uma série de igrejas, lojas de artesanato, restaurantes, museus, artistas, além de conhecer melhor a cultura do povo baiano.

Pelas ruas da cidade passam milhões de turistas todos os anos. Essas pessoas visitam a cidade de Salvador para conhecer seus diversos pontos de lazer e de turismo. Assim como muitas outras cidades brasileiras, a antiga capital do Brasil atrai pessoas de todo o Brasil e de outros países.

Essa quantidade de visitantes mostra a importância do turismo para a cidade. Por causa disso, muitos lugares e profissionais da cidade são dedicados a esse serviço.

Bairro do Pelourinho, no centro histórico de Salvador. Na fotografia, é possível ver a Igreja de Nossa Senhora do Rosário dos Pretos, construída há mais de 200 anos.

ATIVIDADES

1) Observe as imagens das fotografias das páginas 66 e 67.

a) Quais lugares elas mostram?

_____
_____
_____

b) Por que esses lugares são importantes para a história de Salvador?

_____
_____

c) Qual é a função deles hoje?

_____
_____
_____

2) Por que Salvador tem tantas construções históricas que atraem o interesse de seus visitantes?

_____
_____
_____

3) O que tornou o turismo uma atividade importante para a cidade de Salvador?

_____
_____
_____

4 Marque a resposta correta.

☐ Quando Salvador deixou de ser a capital do Brasil, a cidade ficou abandonada.

☐ Salvador deixou de ser a capital do Brasil, mas se tornou um importante centro turístico do país.

☐ Como a cidade de Salvador é muito antiga, suas construções estão bastante estragadas.

5 Analise as duas imagens do Pelourinho, em Salvador.

Pelourinho. Salvador, Bahia, 1859.

Pelourinho. Salvador, Bahia, 2019.

a) Identifique as atividades exercidas no Pelourinho em cada época.

_____
_____
_____
_____

b) Comparando as duas imagens, o que podemos dizer sobre o Pelourinho?

_____
_____
_____

O patrimônio histórico

Há muitas construções, costumes e objetos que nos ajudam a entender melhor o passado e o presente. Esse conjunto é chamado de patrimônio histórico.

Por exemplo, ao observarmos uma casa antiga, podemos saber que materiais eram usados no passado e de que modo as construções eram feitas. Isso nos possibilita compará-las às construções do presente, percebendo as mudanças e as permanências.

A preservação do patrimônio histórico é fundamental para que as gerações futuras possam saber onde viviam, o que faziam e até como pensavam as gerações anteriores.

Se um patrimônio for considerado muito importante, ele pode ser **tombado** pelo governo. Quando o tombamento ocorre, torna-se obrigatória a preservação desses bens culturais devido à sua importância para a história do lugar.

A Santa Casa de Misericórdia da Bahia foi fundada em 1549 e é um patrimônio tombado pelo Instituto do Patrimônio Histórico e Artístico Nacional (Iphan). Atualmente, abriga um museu com um acervo de obras de arte e objetos antigos.

VIDA E TRABALHO NA COLÔNIA

UNIDADE 7

Os portugueses não ocuparam imediatamente as terras que hoje formam o Brasil. No início, eles estavam interessados em conhecer a região e extrair pau-brasil para vender na Europa.

No entanto, a intensa exploração fez com que a quantidade dessa árvore diminuísse muito. Além disso, o domínio português passou a ser ameaçado por outros europeus que também se interessaram em ocupar estas terras.

Assim, em 1530, o governo português decidiu enviar pessoas para viver e trabalhar na colônia. Grande parte dessas pessoas passou a dedicar-se ao cultivo da cana para a produção de açúcar, que era muito valorizado na Europa.

O cultivo da cana-de-açúcar

O cultivo da cana-de-açúcar já era feito pelos portugueses em outras regiõe. Em pouco tempo tornou-se a principal atividade econômica da colônia.

Na Capitania de Pernambuco, por exemplo, as plantações de cana-de-açúcar desenvolveram-se muito, sobretudo na região da Vila de Olinda.

Esse desenvolvimento foi favorecido pelo solo de **massapê** e pelo clima quente e chuvoso do litoral nordestino.

Nas plantações de cana-de-açúcar foi muito usado o **trabalho escravo** dos indígenas e de pessoas que vieram à força da África.

A cana era plantada em grandes terrenos para depois ser colhida e moída. Com o caldo da cana era produzido o açúcar, que era levado da colônia para ser vendido na Europa.

GLOSSÁRIO

Massapê: terra escura e fértil, muito boa para o cultivo da cana-de-açúcar.

Trabalho escravo: forma de trabalho em que os trabalhadores são pessoas escravizadas, ou seja, eram consideradas propriedade de outras.

A sociedade açucareira

As pessoas que viviam e trabalhavam nas regiões de produção de açúcar formavam a sociedade açucareira.

Nessa sociedade, os mais poderosos eram os ricos fazendeiros, conhecidos como senhores de engenho; já os menos favorecidos eram os trabalhadores escravizados, que praticamente não possuíam bens materiais.

Além deles, havia os trabalhadores livres, que não possuíam as mesmas riquezas que os senhores de engenho, mas em alguns casos tinham pequenas plantações e alguns escravizados.

Divisão da sociedade açucareira. Na base, estava o maior grupo, composto de escravizados, no meio, estavam os trabalhadores livres; e, no topo, os senhores de engenho.

A mão de obra nas fazendas

Para fazer o trabalho nas fazendas, inicialmente os portugueses capturaram indígenas e os obrigaram a viver como escravizados. Por causa disso, ocorreram vários confrontos entre os colonizadores e a população indígena.

Nesses confrontos, os indígenas muitas vezes levavam vantagem, pois conheciam o território muito melhor que os europeus.

Por isso, vários fazendeiros desistiram de aprisioná-los e passaram a explorar o trabalho de africanos, que chegavam à colônia sem nenhum conhecimento sobre estas terras.

O engenho

Engenho era o nome do equipamento que moía a cana e transformava o caldo em açúcar. Mais tarde, as fazendas de produção de açúcar também passaram a ser chamadas de engenhos.

Veja a representação de um engenho de produção de açúcar.

Canavial: grande plantação de cana. A cana era cortada e transportada do canavial até a casa de engenho.

Casas dos empregados: lugares em que os trabalhadores livres viviam com sua família.

Senzala: lugar no qual os escravizados dormiam. Era pequena e desconfortável.

Casa de engenho: lugar em que a cana era moída para a extração do caldo, que depois era cozido e transformado em açúcar.

Capela: construção na qual eram realizadas as festas e cerimônias católicas, como batismos e missas.

Casa-grande: residência dos fazendeiros, também chamados de senhores de engenho, e de sua família.

ATIVIDADES

1. Complete as frases com as palavras corretas.

> empresas   contratos   protegidos
> contrata   trabalhadores   trabalho

Uma empresa precisa de _____.

Ela _____ funcionários ou outras empresas.

Os _____ são _____ por leis e as _____, por _____.

2 Por que muitos fazendeiros deixaram de aprisionar indígenas para o trabalho em suas terras?

_____

_____

3 O que os fazendeiros fizeram para conseguir trabalhadores no lugar dos indígenas?

_____

_____

 SAIBA MAIS

Pães de açúcar

Você já ouviu falar do morro chamado Pão de Açúcar, no Rio de Janeiro?

A origem desse nome, acredita-se, deve-se ao fato de o morro ter o formato semelhante ao da fôrma em que eram colocados os pães de açúcar formados quando o caldo da cana cozido (melaço) secava.

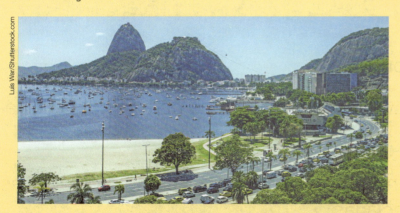

Morro do Pão de Açúcar, no Rio de Janeiro, atualmente.

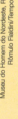

Fôrmas de pão de açúcar expostas no Museu do Homem do Nordeste, em Recife.

Os africanos no Brasil

Por mais de 350 anos, milhares de africanos foram trazidos à colônia portuguesa para trabalhar na condição de escravizados.

Embora viessem de diferentes regiões da África, eles eram trazidos todos juntos e tratados como um único povo. As viagens eram feitas em embarcações chamadas de "navios negreiros", onde as condições de alimentação e de higiene eram muito ruins. Por isso, muitos deles acabavam morrendo durante a travessia do oceano, antes mesmo de chegar ao Brasil.

Johann Moritz Rugendas. *Negros no fundo do porão*, c. 1822-1825. Aquarela, 17,5 cm × 29 cm.

Já no Brasil, os africanos eram vendidos e encaminhados para trabalhar nas fazendas ou nas cidades.

Nas fazendas produtoras de açúcar, os escravizados trabalhavam desde o nascer do Sol até o anoitecer. A maioria deles era mal alimentada e frequentemente sofria castigos físicos. Por isso, muitos chegavam a morrer ainda jovens.

ATIVIDADES

1 Assinale a afirmativa correta.

☐ Os africanos escravizados eram trazidos para o Brasil em navios negreiros.

☐ Os africanos vieram para o Brasil em busca de mercadorias, como ouro e especiarias.

2 Depois de desembarcarem no litoral brasileiro, os africanos eram levados para as cidades a fim de serem vendidos em mercados. Observe a imagem a seguir e, em seu caderno, responda às perguntas.

Johann Moritz Rugendas. *Mercado de negros*, 1835. Litogravura, 19,2 cm × 28,5 cm.

a) Quem são as pessoas retratadas na obra?

b) O que essas pessoas estão fazendo?

c) Como você imagina que elas se sentiam ao serem vendidas como mercadoria?

3 Leia o texto abaixo e responda às perguntas no caderno.

De noite, no canto da senzala,
sonha dormindo e sonha acordado.
Sonha com sua terra,
África negra e selvagem.
Terra do seu pai. Do seu avô.
Terra de sua cor.

Rogério Borges. *Ganga Zumba*. São Paulo: Editora do Brasil, 2010. p. 7.

a) Quem é a pessoa citada no texto? Qual é a origem dela?

b) O verso "Terra de sua cor" refere-se a outra parte do texto. Identifique essa parte e circule-a.

Luta e resistência

Os africanos no Brasil lutaram muito contra a escravidão. Embora estivessem bem distantes de sua terra natal, muitos deles resistiram organizando fugas e revoltas.

Quando eles fugiam, muitas vezes iam para locais isolados, afastados dos engenhos, e lá formavam comunidades semelhantes às africanas. Esses locais eram chamados de **quilombos**, e seus habitantes eram chamados de quilombolas.

O mais conhecido deles foi o Quilombo dos Palmares, situado onde hoje é o estado de Alagoas. Essa comunidade chegou a reunir uma população de 20 mil habitantes e resistiu por cerca de 70 anos.

O mais conhecido líder do Quilombo dos Palmares foi Zumbi. Ele liderou a resistência quilombola até os últimos dias. Por esse motivo, tornou-se símbolo da luta pela liberdade e igualdade da população **afrodescendente** no Brasil.

Antônio Parreiras. *Zumbi*, 1927. Óleo sobre tela, 115,3 cm × 87,4 cm.

GLOSSÁRIO

Afrodescendente: descendente de africano.

PEQUENO CIDADÃO

Heranças africanas na cultura brasileira

A vinda dos diferentes povos africanos para o Brasil promoveu um grande enriquecimento da cultura de nosso país.

Além de trazer inúmeros conhecimentos de suas terras, os africanos criaram várias coisas depois que já estavam aqui.

Por isso, não é difícil perceber a herança cultural africana na culinária, música, dança, religião, no vestuário e muito mais. Observe:

O samba é bastante influenciado pela cultura africana. O batuque e o ritmo dançante são características da herança africana no Brasil.

O acarajé é um bolinho de feijão temperado e frito no azeite de dendê. É um alimento de origem africana muito popular no Brasil.

1. Uma das tradições de origem africana mais conhecidas e praticadas no Brasil é a capoeira. Pesquise-a em livros, *sites* e revistas, selecione algumas imagens dessa manifestação e traga-as para a sala de aula. Depois responda às perguntas a seguir.

    a) Como a capoeira surgiu?

    b) Quem foram seus primeiros praticantes?

    c) Em que espaços ela é praticada atualmente?

    d) Em sua opinião, essa tradição é importante para a história do povo brasileiro? Por quê?

UNIDADE 8
DO LITORAL PARA O INTERIOR

Até agora vimos que o início da colonização portuguesa esteve concentrado nas regiões litorâneas, não é mesmo?

Isso ocorreu porque os colonos pretendiam ficar mais próximos do mar, onde podiam receber seus aliados portugueses e defender-se de possíveis ataques de viajantes europeus.

Com o passar do tempo, a população de colonos cresceu e muitos deles deixaram o litoral e partiram para o interior em busca de riquezas como ouro e prata. Além disso, o objetivo de várias dessas expedições era capturar indígenas para trabalhar como escravizados nas fazendas.

Essas expedições ficaram conhecidas como entradas, bandeiras e monções. As entradas e bandeiras ocorriam por terra; já as monções eram expedições que seguiam pelos rios.

ATIVIDADES

1 As obras de arte da página seguinte retratam as expedições dos colonos em direção ao interior das terras exploradas pelos portugueses. Observe as imagens e faça o que se pede.

a) Relacione as imagens aos tipos de expedições apresentados abaixo.

☐ entrada ☐ monção

Almeida Júnior. *A partida da monção*, 1897. Óleo sobre tela, 6,6 m × 3,9 m.

Oscar Pereira da Silva. *Entrada para as minas*, 1920. Óleo sobre tela, 86 cm × 126 cm.

b) Qual é a diferença entre as expedições retratadas nas imagens 1 e 2?

_____

_____

Entradas e bandeiras

As expedições terrestres no Brasil foram chamadas de entradas e bandeiras.

As entradas tiveram início ainda no século XVI. Elas eram organizadas pelo governo português com o objetivo de capturar indígenas e transformá-los em escravizados, além de procurar minas de ouro e prata.

As bandeiras eram organizadas por iniciativa de pessoas com interesses diversos. Elas podiam ser classificadas em três tipos: apresamento, prospecção e sertanismo de contrato.

As bandeiras de apresamento buscavam capturar indígenas; as bandeiras de prospecção partiam em busca de pedras e metais preciosos; já o sertanismo de contrato tinha o objetivo de combater guerreiros indígenas e quilombolas.

Fontes: José Jobson de A. Arruda. *Atlas histórico básico*. 17. ed. São Paulo: Ática, 2011. p. 39; Claudio Vicentino. *Atlas histórico: geral e Brasil*. São Paulo: Scipione, 2011. p. 104.

1 Observe a imagem a seguir e responda às questões.

Jean-Baptiste Debret. *Soldados índios da província de Curitiba escoltando selvagens*, 1834. Litografia, 23 cm × 32 cm.

a) O que a imagem mostra?

_____

_____

b) Para onde essas pessoas poderiam estar indo?

_____

_____

c) Que tipo de bandeira é representada na imagem?

_____

_____

De São Paulo para o interior

Os colonos da Vila de São Paulo de Piratininga, localizada na capitania de São Vicente, tiveram importante participação nas expedições bandeirantes. Distante do litoral, a Vila de São Paulo cresceu em torno de um colégio fundado por padres **jesuítas** em 1554.

A vila era muito pobre. Não havia grandes fazendas nem grandes construções. Assim, a maioria da população vivia da agricultura, plantando e colhendo o próprio alimento.

Como desejavam enriquecer, muitos habitantes de São Paulo participavam das expedições bandeirantes. Eles percorriam milhares de quilômetros durante meses e enfrentavam diversos perigos.

Os indígenas aliados dos colonos eram muito importantes para as expedições, pois conheciam os caminhos e ensinavam os bandeirantes a sobreviver na mata.

GLOSSÁRIO

Jesuíta: membro da Companhia de Jesus, ordem religiosa que pretendia converter os indígenas ao catolicismo.

Muitos bandeirantes usavam um gibão, espécie de colete feito de couro, para se proteger das flechas dos indígenas.

> **SAIBA MAIS**

O Pátio do Colégio

Um dos primeiros espaços da Vila de São Paulo pode ser visitado ainda hoje. Conhecido como Pátio do Colégio, o local foi palco da construção de uma escola e de uma pequena igreja ainda no século XVI.

O Pátio do Colégio atualmente abriga o Museu Anchieta, dedicado a exibir peças dos primeiros anos de São Paulo, além de conter muitos objetos que pertenceram aos jesuítas.

O nome do museu foi dado em homenagem ao padre José de Anchieta, um dos jesuítas mais atuantes nos primeiros anos da Vila de São Paulo.

Benedito Calixto. *Antigo Pátio do Colégio*. Óleo sobre tela, 35 cm × 60 cm.

As primeiras construções do século XVI passaram por algumas reformas ao longo dos anos. A parede da fotografia foi erguida no século XVII e pode ser vista ainda hoje.

Pátio do Colégio, em São Paulo, atualmente. Ao fundo, é possível ver a entrada do Museu Anchieta.

As missões jesuíticas

Os jesuítas eram um grupo da Igreja Católica criado em 1534 e que chegou à colônia com o objetivo de **catequizar** os indígenas. Para isso, os jesuítas fundaram aldeamentos onde aprendiam as línguas faladas pelos povos indígenas e ensinavam a religião católica. No sul da colônia, esses aldeamentos eram chamados de missões.

As missões eram compostas de uma igreja e de outras construções que ficavam em torno dela, como escolas, oficinas e residências. Nelas, havia aulas de religião, cultivo de plantas e criação de animais.

Por estarem acostumados ao trabalho com os portugueses, os indígenas das missões foram muitas vezes alvo de ataques de bandeirantes que pretendiam escravizá-los.

Os jesuítas fundaram grandes aldeamentos no sul da colônia, onde hoje estão os estados do Paraná e do Rio Grande do Sul. Na fotografia, ruínas da Igreja de São Miguel das Missões, no Rio Grande do Sul, construída no século XVIII.

Catequizar: ensinar determinada religião.

1 Sobre as missões jesuíticas, responda às questões no caderno.

a) Que tipos de construção havia nelas?

b) Quem eram as pessoas que atacavam as missões? Qual era o objetivo delas?

A descoberta do ouro

As expedições dos bandeirantes muitas vezes partiam em busca de pedras preciosas e metais valiosos, como ouro e prata, mas a grande maioria delas não conseguia atingir esse objetivo. Isso mudou no ano de 1693, quando os bandeirantes descobriram grandes minas de ouro no interior da colônia, em uma região que ficaria conhecida como Minas Gerais. Mais tarde, também seriam descobertas minas em outras regiões, como as dos atuais estados de Mato Grosso e Goiás.

Monumento ao Tropeiro no município de Lapa, Paraná. A obra retrata duas características muito comuns dos tropeiros: os chapéus e as mulas para a locomoção, consideradas fortes e resistentes o suficiente para aguentar as longas e cansativas viagens.

Essa descoberta fez com que várias pessoas se mudassem para a região das minas, o que resultou na fundação de diversas vilas, como Vila Rica (atual Ouro Preto), Sabará e Ribeirão do Carmo (atual Mariana).

Nesses lugares, muitas pessoas se dedicavam ao trabalho nas minas em busca de ouro, mas havia também comerciantes, carpinteiros e outros trabalhadores que prestavam serviços aos moradores.

Poucas eram as pessoas que plantavam alimentos ou criavam animais que pudessem servir para a própria alimentação. Desse modo, o fornecimento de alimentos e vestimentas na região muitas vezes era garantido pelos tropeiros (pessoas que andavam em tropas).

Os tropeiros viajavam frequentemente entre as regiões da colônia vendendo diversas mercadorias, como alimentos (carne, queijo, arroz, feijão, farinha, milho, rapadura), roupas e até mesmo animais.

Em pouco tempo, o governo de Portugal passou a supervisionar a exploração das minas. Eram cobradas taxas sobre todo o ouro extraído, que era derretido e transformado em barras, de modo que boa parte dessas barras era enviada a Portugal.

Ainda assim, o governo português encontrava dificuldade para fiscalizar o ouro que saía das minas. Por isso, em 1763, a capital da colônia deixou de ser Salvador e passou a ser o Rio de Janeiro, cidade litorânea que ficava mais próxima às vilas e cidades mineiras.

Mestre Aleijadinho

Na antiga Vila Rica, atual Ouro Preto, nasceu Antônio Francisco Lisboa, famoso escultor brasileiro, conhecido como Aleijadinho. Com data incerta de nascimento, entre 1730 e 1738, e filho de um português com uma mulher escravizada, Antônio recebeu esse apelido por apresentar, depois de adulto, uma doença que degenerou seu corpo.

Mesmo com dificuldades físicas, ele fez trabalhos belíssimos, com destaque para as esculturas em igrejas.

Aleijadinho viveu numa época em que havia bastante riqueza na região das minas, o que garantia constantes encomendas de trabalho de arquitetos, construtores, pintores e escultores. Na fotografia, Igreja São Francisco de Assis, em Ouro Preto. O interior dessa igreja, construída no século XVIII, é decorado com pinturas e peças de ouro, e em sua fachada há esculturas de Aleijadinho.

ATIVIDADES

1 Marque **V** nas afirmações verdadeiras e **F** nas falsas.

☐ A região em que foram descobertas as minas de ouro ficou conhecida como Minas Gerais.

☐ Além de buscarem ouro, os moradores da região das minas viviam de comércio, carpintaria e prestação de serviços.

☐ As vilas recebiam jesuítas que comercializavam alimentos e vestimentas.

☐ A capital da colônia deixou de ser Salvador e passou a ser São Paulo.

☐ Os tropeiros viajavam em mulas e vendiam produtos, como roupas e alimentos.

2 Pesquise na internet exemplos de obras de Aleijadinho. Escolha uma delas, imprima-a e cole em uma folha à parte. Anote o nome dela e a data em que foi feita. Apresente seu trabalho para os colegas e o professor.

3 Como Aleijadinho e outros artistas da região das Minas se beneficiaram da época em que viveram para criar suas obras?

_____
_____
_____
_____

4 Em seu caderno, escreva um texto com base apenas nas imagens das páginas 83 e 85.

BRINQUE MAIS

1 Observe as ilustrações a seguir e pinte os quadradinhos de acordo com as legendas abaixo.

- 🟦 evento de curta duração
- 🟨 evento de média duração
- 🟧 evento de longa duração
- 🟥 contagem do tempo cronológico

2 Veja a galeria de retratos abaixo. Circule o personagem que mais se parece com você.

Por que o Brasil tem tantas pessoas de origens tão diferentes?

3 Peça ajuda a um adulto que cuida de você e pesquise uma construção considerada patrimônio histórico de seu município. Vocês podem pesquisar na internet. Cole a imagem abaixo e anote as principais informações.

BRINQUE MAIS

a) O que é (estátua, fonte, prédio etc.):
_____

b) Nome:
_____

c) Data de criação:
_____

d) Nome de quem o construiu:
_____
_____

e) Por que você acha que esse patrimônio é importante?
_____
_____
_____

4 Qual foi a importância da água para os primeiros povoados?
_____
_____
_____
_____

5 Como era feito o escambo na época da formação dos primeiros povoados?
_____
_____
_____
_____
_____

6 A seguir, você conhecerá mais dois instrumentos desenvolvidos na época das Grandes Navegações.

a)

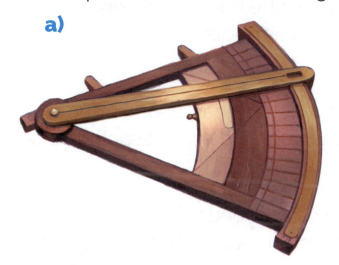

O **quadrante** media a altura de estrelas em relação ao mar, o que auxiliava os viajantes a se localizar nos mares e oceanos.

b)

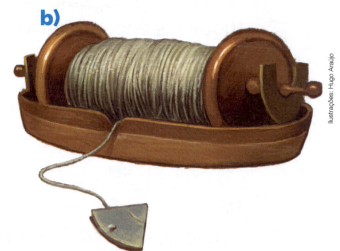

O **velocímetro** possibilitava aos navegantes calcular a velocidade das embarcações pelo tempo que uma linha arremessada ao mar levava para se soltar do carretel.

- Agora, encontre no diagrama o nome desses dois instrumentos e dos outros três que você já conheceu anteriormente.

T	R	O	N	C	O	K	L	F	S	G	R	P	I	H	B
L	C	A	R	T	A	N	Á	U	T	I	C	A	T	L	Ú
A	E	P	I	H	S	K	T	R	W	X	R	O	L	R	S
S	I	N	F	E	R	I	O	R	E	S	D	T	A	O	S
K	Y	O	Y	B	Q	U	A	D	R	A	N	T	E	O	O
R	W	S	P	R	R	K	R	L	I	F	I	B	R	K	L
Y	T	V	E	L	O	C	Í	M	E	T	R	O	H	E	A
I	Y	I	T	O	H	O	D	R	R	Y	O	Y	B	Y	N
P	J	N	T	R	O	A	S	T	R	O	L	Á	B	I	O
F	Y	Y	T	E	R	A	S	P	S	R	O	G	R	A	P

BRINQUE MAIS

7 Escreva **V** nas afirmativas verdadeiras e **F** nas falsas.

☐ Assim que chegaram às terras que hoje são o Brasil, os portugueses encontraram diferentes pedras preciosas e começaram a explorá-las.

☐ Como forma de pagamento pelo trabalho, os portugueses ofereciam aos indígenas mercadorias como espelhos e ferramentas.

☐ Para evitar que outros povos europeus também explorassem o pau-brasil, Portugal enviou outras embarcações para a América.

☐ O pau-brasil não foi explorado, pois sua madeira não agradava aos europeus.

8 Reescreva as frases classificadas como falsas na atividade anterior corrigindo-as.

_____
_____
_____
_____

9 Cite um dos motivos que dificultaram o progresso do sistema de capitanias hereditárias.

_____
_____
_____
_____

10. Sobre o sistema de capitanias hereditárias e a formação das primeiras cidades, leia as frases a seguir e faça a relação entre as colunas.

Coluna 1	Coluna 2
Como o sistema de capitanias hereditárias não funcionou da maneira esperada, o	soldados, padres, comerciantes e pessoas ricas ou representantes do governo português.
Tomé de Sousa, primeiro governador-geral, tinha a tarefa de comandar	as pessoas mais pobres.
Nas áreas mais altas de Salvador, primeira capital, foram erguidas belas casas, igrejas, construções militares e prédios públicos para	rei de Portugal criou o governo-geral.
Nas áreas mais baixas de Salvador, foram construídas casas mais simples, em ruas estreitas e de pouca iluminação; lá viviam	todas as capitanias, defender a colônia de invasões e explorar as riquezas da terra.

BRINQUE MAIS

11. Como vimos, patrimônio histórico-cultural é um conjunto de manifestações e obras produzidas por uma sociedade ao longo do tempo. Procure, no diagrama, as palavras dos quadros que estão relacionadas ao patrimônio histórico-cultural de uma sociedade.

- presente
- objetos
- passado
- danças
- construções
- praças
- costumes
- festas

A	R	L	B	C	R	P	Ç	G	F	E	Z	O	U	G
P	R	E	S	E	N	T	E	L	E	Z	X	M	T	H
Y	X	Z	W	V	E	J	U	S	R	C	V	A	U	K
A	S	L	D	C	O	N	S	T	R	U	Ç	Õ	E	S
P	E	P	G	B	I	X	W	X	M	L	A	O	E	L
G	A	A	B	C	T	X	K	R	Z	S	A	Q	O	F
H	Z	S	I	I	V	Y	O	D	A	N	Ç	A	S	R
A	P	S	A	O	M	X	Z	J	P	Z	C	B	O	S
H	J	A	Y	S	X	A	S	U	A	X	U	G	F	C
A	V	D	S	A	R	G	K	U	E	M	I	N	E	V
B	H	O	B	J	E	T	O	S	G	J	H	S	S	I
N	O	H	P	R	W	Y	A	G	U	D	O	Y	T	S
G	E	I	K	E	N	W	O	R	Z	P	X	E	A	J
Q	I	K	O	I	N	C	O	S	T	U	M	E	S	K
H	T	D	R	B	H	Y	P	K	G	D	R	Q	A	B
B	P	R	A	Ç	A	S	T	P	K	D	E	X	L	D
H	J	Ç	C	R	P	G	A	E	P	V	Q	A	J	I

12 Observe a imagem ao lado e numere as palavras de acordo com sua representação na ilustração.

☐ casa-grande ☐ senzala ☐ casas dos empregados

☐ capela ☐ moenda ☐ canavial

13 Complete o texto abaixo com as palavras utilizadas na atividade anterior.

Nas fazendas produtoras de açúcar, ou engenhos, era comum encontrar a _____, moradia do fazendeiro e de sua família; uma _____ para as atividades religiosas; a _____, moradia dos escravos; o _____, onde a cana era plantada; a _____, na qual a cana era moída; e a _____, onde viviam os trabalhadores livres.

BRINQUE MAIS

14. Relacione os tipos de expedição bandeirante e os objetivos de cada um deles.

bandeiras de prospecção	Combatiam indígenas e quilombolas.
bandeiras de apresamento	Buscavam capturar indígenas.
sertanismo de contrato	Procuravam pedras e metais preciosos.

15. Qual era o objetivo dos jesuítas? O que eles fizeram para alcançá-lo?

_____

_____

16. Observe as frases abaixo e pinte de **laranja** os quadros que estão de acordo com a prática dos colonizadores do Brasil.

| busca por riquezas | preservação da Mata Atlântica | uso de trabalho escravo | formação de vilas e cidades |

| ensino da cultura indígena | catequização dos indígenas | plantio do pau-brasil | ensino da cultura europeia |

17 Observe o mapa abaixo e faça o que se pede.

Fonte: IBGE. *Atlas geográfico escolar*. 8. ed. Rio de Janeiro: IBGE, 2018. p. 90.

a) Circule de **vermelho** o nome da primeira capital do Brasil.

b) Circule de **verde** o nome do lugar em que havia muitos engenhos de cana-de-açúcar.

c) Circule de **laranja** o nome do lugar de onde saíam muitos bandeirantes.

d) Circule de **rosa** o nome do lugar em que foi encontrado muito ouro.

e) Circule de **roxo** o nome da segunda capital do Brasil.

DATAS COMEMORATIVAS

Aniversário da cidade

Algumas cidades existem há muito tempo, outras foram projetadas há poucas décadas. Cada uma abriga diversas pessoas e tem sua própria história. E essa história costuma ser celebrada uma vez ao ano, quando é comemorado o aniversário de fundação da cidade, que hoje faz parte dos municípios.

BRINCANDO

1. Vamos conhecer a história de uma cidade?

   Reúna-se com um ou dois colegas. Cada um de vocês deve escolher uma peça para representá-los. Pode ser uma borracha ou um apontador de lápis, o importante é que sejam objetos diferentes.

   Depois, um por vez, deve jogar o dado e andar pelo tabuleiro seguindo as orientações. Boa sorte!

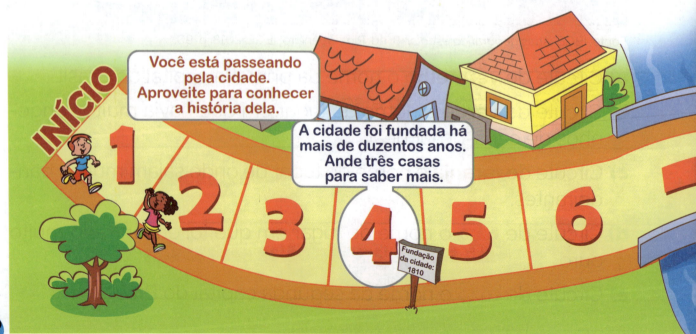

DATAS COMEMORATIVAS

Dia do Índio – 19 de abril

Reconhecer e valorizar a cultura indígena é fundamental para a preservação da memória e da cultura do povo brasileiro. Por isso, no dia 19 de abril homenageamos os povos indígenas do Brasil e sua diversidade cultural.

Desde os primeiros contatos com os europeus, os indígenas conheceram práticas e objetos que não faziam parte de sua cultura até aquele momento. Hoje é comum vermos indígenas usando novas tecnologias e aprendendo mais coisas sobre a cultura dos não indígenas.

Há povos, porém, que vivem de forma mais isolada, no meio da mata, preservando costumes antigos, com pouco ou nenhum contato com os não indígenas.

É importante conhecer tanto o passado como o atual modo de vida dos povos indígenas para que possamos entender as mudanças pelas quais eles passaram ao longo dos anos.

Indígena do povo pataxó usando computador. Porto Seguro, Bahia.

Indígenas do povo waurá fazendo pintura corporal. Parque Indígena do Xingu, Mato Grosso.

BRINCANDO

1 Que tal fazer um instrumento musical semelhante aos que são usados pelos indígenas?

Material:
- 1 balão de festa;
- papel picado (jornais e revistas);
- cola e água;
- tinta guache de diversas cores;
- grãos de feijão, milho ou arroz.

Como fazer

1. Encha o balão até que fique um pouco maior que sua mão.
2. Misture bem cola, um pouco de água e pedaços de papel. Essa mistura é chamada de papel machê. Depois, cole-a no balão até que fique coberto por uma camada grossa; deixe apenas um pequeno espaço no bico.
3. Espere o papel machê secar totalmente e corte o bico do balão, retirando-o. Depois, coloque alguns grãos de feijão, milho ou arroz dentro de seu chocalho.
4. Tampe o buraco com a mistura e espere secar. Em pouco tempo seu chocalho estará pronto!

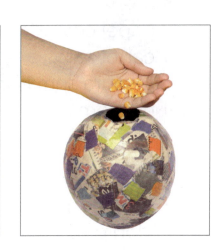

DATAS COMEMORATIVAS

Dia das Mães – 2º domingo de maio

O Dia das Mães foi criado para homenagear a pessoa que cuida de nós com amor e dedicação.

Todas as pessoas que nos dão os mesmos cuidados de mãe devem ser lembradas e merecem nosso agradecimento especial. Em algumas famílias, esse papel é das avós, das tias, dos pais ou de outras pessoas que oferecem carinho. E você, quem homenageará?

BRINCANDO

Material:
- papel colorido;
- cartolina;
- tesoura sem ponta;
- cola em bastão;
- barbante.

Como fazer
1. Corte o papel colorido em tiras. Depois, dobre as tiras e cole as pontas para formar as pétalas.
2. Corte a cartolina em dois círculos, escreva o nome da pessoa que você quer homenagear neles e cole-os no meio das pétalas para formar o miolo da flor.
3. Amarre o barbante em uma das pétalas para que a flor possa ser pendurada em qualquer lugar.

Agora é só entregar o enfeite à pessoa que cuida de você com amor e carinho!

Dia dos Pais – 2º domingo de agosto

No Dia dos Pais, aproveitamos para agradecer e homenagear a pessoa que nos dá carinho, apoio e proteção.

Em muitas famílias, o papel de pai pode ser exercido por outra pessoa, como um avô ou tio. Seja quem for, essa pessoa merece gratidão pela dedicação e afeto.

Para homenageá-la, nada melhor que escolher uma atividade que vocês possam realizar juntos.

Material:
- 2 copos de farinha de trigo;
- 1 copo de sal;
- 1 copo de água;
- palito de dente;
- rolinho;
- tinta guache;
- tesoura sem ponta.

Como fazer

1. Misture a farinha e o sal, acrescentando aos poucos água.
2. Assim que a massa estiver no ponto (um pouco dura), amasse-a com o rolinho, esticando-a.
3. Coloque a mão em cima da massa esticada e, com o palito de dente, faça um risco em cima dela, traçando o molde.
4. Em seguida, recorte o formato de sua mão e modele-o como desejar. Espere secar e pinte-o com tinta guache, fazendo um colorido especial.

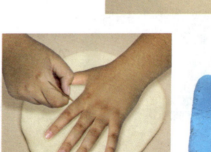

DATAS COMEMORATIVAS

Dia da Árvore – 21 de setembro

O Dia da Árvore é comemorado em 21 de setembro. Nesse dia é fundamental refletir sobre a importância das plantas para o ambiente e para nossa qualidade de vida.

Como vimos, o Brasil já perdeu grande parte de sua vegetação natural desde o início da colonização. Das árvores, retiramos materiais que consumimos no dia a dia, como madeira, papel e frutos. Por isso, cabe a nós utilizá-las de forma consciente, sabendo que é muito importante preservá-las.

1 Pinte de **laranja** as palavras que estão relacionadas aos benefícios oferecidos pelas árvores e, de **vermelho**, as palavras que nomeiam o que não pode ser extraído das árvores.

2 Que tal você e sua turma confeccionarem um painel que mostre a importância das árvores para os seres vivos?

Material:
- fundos de garrafas PET recortados;
- rolinhos de papel higiênico;
- papel pardo;
- tinta guache;
- canetas hidrocor.

Como fazer
1. Pintem os rolinhos de papel higiênico com tinta marrom.
2. Colem os rolinhos no painel de papel pardo, formando o tronco da árvore.
3. Em seguida, colem os fundos das garrafas para formar a copa da árvore.
4. No espaço que sobrar, escrevam palavras relacionadas com a mensagem que pretendem deixar sobre a importância das árvores para os seres vivos.

Pronto! Agora é só apresentar o painel de vocês aos colegas da escola.

Dia da Consciência Negra – 20 de novembro

Todos os anos, em 20 de novembro, é comemorado o Dia da Consciência Negra no Brasil, data em que lembramos a resistência dos povos africanos à escravidão e de sua importância na formação do povo brasileiro. Esse dia foi escolhido porque em 20 de novembro de 1695 morreu Zumbi dos Palmares, principal líder de um dos maiores quilombos da história do Brasil.

Nessa data, em diversos lugares do país, há eventos que valorizam a influência dos africanos em nossa cultura, pois eles não lutaram somente contra a escravidão mas também para preservar suas tradições.

Esse dia é muito importante para a valorização da igualdade entre as pessoas e o fim do preconceito racial.

Show em homenagem ao Dia Nacional da Consciência Negra. Belém, Pará.

BRINCANDO

1 Decifre os segredos abaixo utilizando as primeiras letras de cada um dos símbolos do quadro. Você formará duas palavras muito importantes para serem lembradas no Dia da Consciência Negra.

a) E P   T 🥚

___ ___ ___ ___ ___ ___ ___ ___

b)   A   D E

___ ___ ___ ___ ___ ___ ___ ___ ___

2 O que é comemorado no Dia da Consciência Negra? Responda no espaço abaixo e faça um desenho que represente esse dia.

_____

_____

DATAS COMEMORATIVAS

3 Você já viu uma máscara como esta?

A máscara esconde a face de uma pessoa.

Na cultura africana, o uso das máscaras é muito comum e pode ter diversos significados de acordo com o grupo e a ocasião, como nascimentos, funerais e homenagens aos antepassados.

As máscaras podem ser feitas de vários materiais, como madeira, ferro ou barro, e decoradas com folhas, frutos, conchas e tintas.

Agora, que tal confeccionar sua máscara?

Material:
- papel ondulado em diferentes cores;
- cola;
- tesoura sem ponta;
- materiais para adornar (penas, lãs, linhas etc.).

Como fazer

1. Recorte o papel ondulado, que servirá como base da máscara, no formato que desejar.
2. Com as demais cores, faça os olhos, o nariz e a boca; depois, cole-os no rosto de papel.
   Não se esqueça de fazer dois buracos para que você possa enxergar depois de colocá-la.
3. Cole os demais materiais que desejar para adornar sua máscara. Agora, você poderá usá-la para se divertir como quiser!

Encarte para a atividade da página 100.

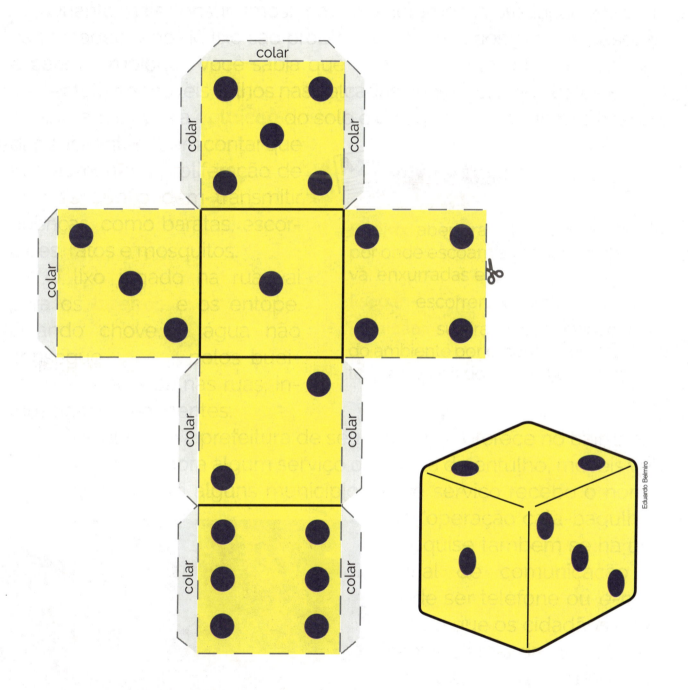

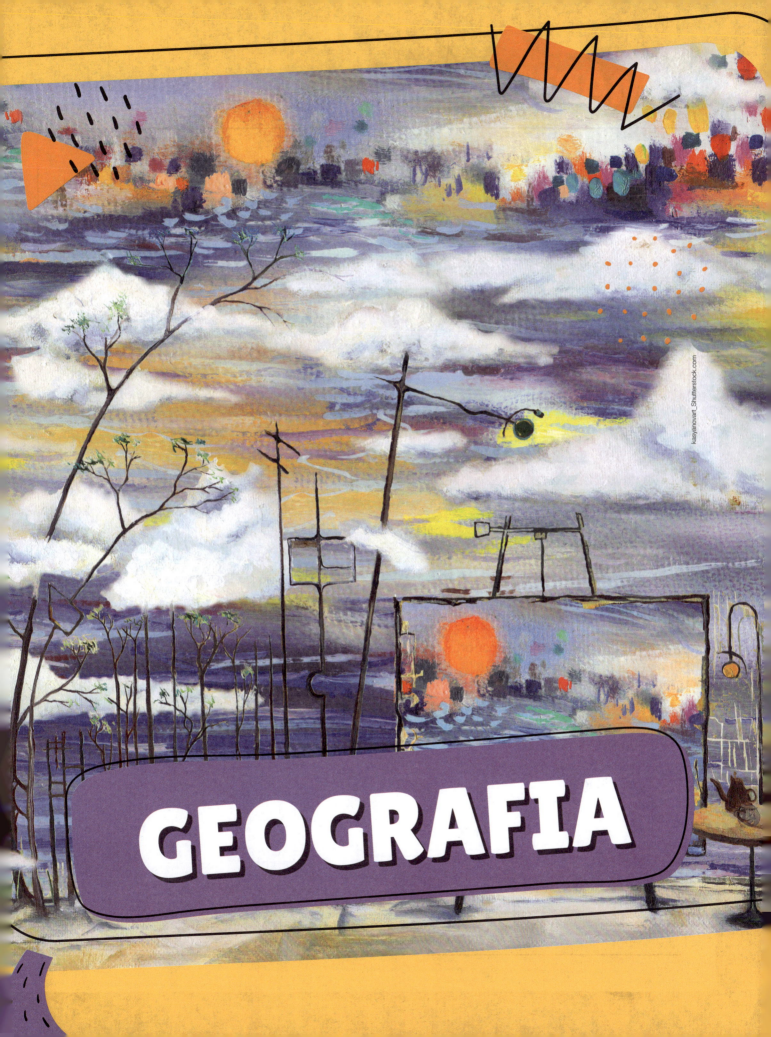

SUMÁRIO

VAMOS BRINCAR **115**

Unidade 1 – O quarteirão e o bairro **121**
Conhecer o bairro 121
Você faz parte de uma comunidade 125
Tipos de bairro 128

Unidade 2 – O município **135**
O que é um município? 135
A cidade 138
O campo 140
Pequeno cidadão – Migrantes do Brasil 146

Unidade 3 – A administração do município **147**
Os serviços públicos 147
O governo do município 149
O município faz parte de um estado 163

Unidade 4 – Trânsito **167**
Organização do trânsito 167
Meios de transporte 172
Pequeno cidadão – Transporte público gratuito 176

Unidade 5 – Meios de comunicação **177**
A importância de se comunicar 177
A evolução dos meios de comunicação 179

Unidade 6 – Orientação e localização **184**
Como nos localizamos 184
A bússola 187
O GPS 188
Pequeno cidadão – Outros saberes 190

Unidade 7 – Noções de Cartografia **191**
Mapas 191
Título, legenda, rosa dos ventos e escala 194
As diferentes visões de um lugar 196

Unidade 8 – Elementos da paisagem **200**
Elementos naturais e culturais 200
O relevo da Terra 201
A vegetação 203
As águas na paisagem 207
Tempo e clima 213
As estações do ano 216
Pequeno cidadão – Você conhece o açaí? 220
Brinque mais 221

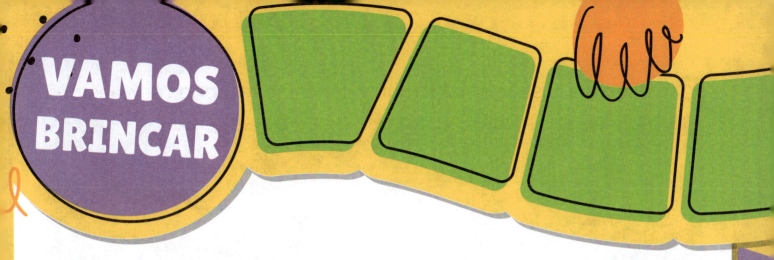

VAMOS BRINCAR

1 Encontre o caminho pelo labirinto para levar cada criança à respectiva moradia.

2 Observe a ilustração com muita atenção e responda às questões.

a) O que significa o sinal vermelho para os automóveis e motocicletas?
_____

b) O que significa o sinal verde para os pedestres?
_____

c) Quantos veículos aguardam o sinal ficar verde?
_____

d) Quantos pedestres estão atravessando a rua?
_____

3 Numere as frases de acordo com a ordem em que você faz as atividades do dia a dia. Em seguida, ligue cada frase ao período do dia em que essa atividade normalmente acontece.

☐ Ir para a escola.

☐ Brincar.

■ manhã

☐ Acordar.

☐ Fazer lições da escola.

■ tarde

☐ Tomar café da manhã.

☐ Dormir.

■ noite

☐ Almoçar.

4 Descubra e assinale as sete diferenças entre as paisagens:

Ilustrações: Waldomiro Neto

5 Observe a ilustração e pinte a paisagem a seguir. Depois, modifique-a colando os elementos culturais ilustrados na página seguinte. Avalie o local adequado para colar moradias, pontes, meios de transporte etc.

119

O QUARTEIRÃO E O BAIRRO

UNIDADE 1

Conhecer o bairro

Imagine que você e mais três amigos vão se reunir para jogar uma partida de vôlei. Para ir à casa de cada um, você não precisa atravessar nenhuma rua, mas tem de virar três esquinas, sempre na mesma calçada. Após chamar o último amigo, é preciso voltar para sua casa a fim de pegar a bola que você havia esquecido; para isso, você vira mais uma esquina, a quarta.

Pronto. Você acaba de dar uma volta completa no quarteirão.

O quarteirão é a área **delimitada** por ruas onde estão as **edificações**. A reunião de vários quarteirões próximos forma o **bairro**.

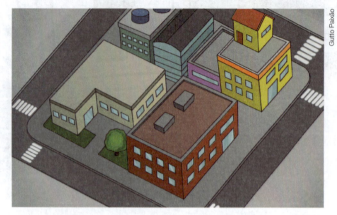

Quarteirão.

Bairro.

Nos bairros encontramos vários tipos de edificação: casas, comércios, escolas, parques etc.

Você já recebeu alguma correspondência ou encomenda em sua casa? Um dos motivos pelos quais os bairros precisam de organização é para que as correspondências cheguem ao destino correto.

 **GLOSSÁRIO**

Delimitar: demarcar, estabelecer limites.
Edificação: construção, edifício.
Endereço: conjunto de informações que possibilita a localização de uma edificação.

Por isso as ruas recebem nomes, as edificações recebem números e cada rua tem um **CEP**, que significa **Código de Endereçamento Postal**. Esse código é composto de oito números que identificam os **endereços** de modo bastante organizado e eficiente.

Placas com o nome das ruas, o bairro e o CEP. São Paulo, São Paulo.

1 Qual é o nome de seu bairro?

_____

2 Observe atentamente a ilustração e depois responda às questões.

a) Seguindo o caminho indicado em **azul**, quantos quarteirões o jovem Amarildo percorre para sair de sua casa e chegar ao hospital?

_____

b) Seguindo o caminho indicado em **vermelho**, quantos quarteirões Amarildo percorre da casa de seu avô até a padaria?

_____

c) Seguindo o caminho indicado em **laranja**, quantos quarteirões Amarildo percorre da padaria até sua casa?

_____

BRINCANDO DE GEÓGRAFO

1 Observe a imagem abaixo e preste atenção nas informações sobre o local de moradia de Pedro.

- Estado: Bahia.
- Município: Paulo Afonso.
- Bairro: Alves de Souza.
- Rua: Rua das Rosas.
- Referência: entre a Rua da Gangorra e a Avenida Bahia.

a) Localize a rua e pinte o quarteirão onde está a casa de Pedro.

b) Com um traço reto, ligue o quarteirão da casa de Pedro até a praça mais próxima.

c) Quantos quarteirões Pedro precisa andar para chegar à praça?

_____

Você faz parte de uma comunidade

Comunidade é o conjunto de pessoas que vive em um mesmo lugar, compartilhando espaços, direitos e responsabilidades.

Dessa forma, você e seus vizinhos pertencem à mesma comunidade. Cada um com uma origem e uma história própria.

Na comunidade é muito importante que haja respeito às diferenças e cooperação, para que todos possam viver em harmonia.

Nosso bairro é uma das comunidades a qual pertencemos, e por isso devemos cuidar dele.

Veja como você pode ajudar a cuidar do bairro:

- não faça pichações;
- não **deprede** o **patrimônio público**;
- não jogue lixo nas ruas;
- mantenha as calçadas e sarjetas limpas;
- contribua para a manutenção da limpeza e organização das praças, parques e áreas verdes;
- procure se informar sobre as reuniões da associação de moradores do bairro, inteirando-se quanto às decisões tomadas e propondo sugestões para melhoria e manutenção da estrutura do bairro;
- conviva respeitosamente com os vizinhos.

GLOSSÁRIO

Depredar: destruir; danificar.

Patrimônio público: aquilo que pertence a toda a população, como ruas, praças e jardins públicos, lixeiras de rua, telefones públicos.

Toda a comunidade deve cuidar do bairro.

> **SAIBA MAIS**
>
> **Depredação do patrimônio**
>
> [...]
> Na cidade de São Paulo são gastos R$ 600 mil todos os meses com a manutenção dos pontos e abrigos de ônibus. Cerca de 20% deles são danificados mensalmente, segundo a assessoria da São Paulo Transporte (SPTrans). Os prejuízos vão além. Nos terminais urbanos, mais R$ 750 mil são desembolsados por mês para repor bens vandalizados. Somente com esse valor, seria possível comprar um ônibus biarticulado.
> [...]
>
> Marcelo Santos. O alto custo do vandalismo urbano. *Portal SESC SP*, São Paulo, 6 nov. 2008. Disponível em: www.sescsp.org.br/online/artigo/5420_O+ALTO+CUSTO+DO+VANDALISMO+URBANO. Acesso em: 12 maio 2020.

Acúmulo de lixo e água poluída em chafariz. Recife, Pernambuco, 2017.

ATIVIDADES

1 Assinale com um lápis verde o que você faz por seu bairro e com um lápis vermelho o que você poderia fazer para melhorar o convívio na vizinhança.

- [ ] Não jogar papel na rua.
- [ ] Não pisar na grama dos jardins.
- [ ] Brincar somente nos lugares adequados.
- [ ] Não pichar os muros e as paredes das casas.

2 Em seu caderno, responda: O que pode ser melhorado em seu bairro?

PESQUISANDO

Quanto mais consumimos, mais lixo geramos. A produção e o descarte inadequado do lixo são problemas muito sérios para as pessoas e para o ambiente. Você sabia que quem descarta qualquer tipo de lixo, entulho e móveis velhos nas calçadas, ruas e terrenos baldios está colaborando para a **poluição** do solo e da água e para a intensificação das enchentes? Sem contar que isso aumenta a proliferação de animais que podem transmitir doenças, como baratas, escorpiões, ratos e mosquitos.

O lixo jogado na rua vai para os **bueiros** e os entope. Quando chove, a água não consegue **escoar** pelos bueiros e acumula-se nas ruas, intensificando enchentes.

GLOSSÁRIO

Bueiro: abertura artificial nas ruas por onde escoam as águas da chuva, enxurradas etc.

Escoar: escorrer; passar.

Poluição: sujeira e contaminação do ambiente por produtos resultantes das ações dos seres humanos.

1. Pesquise se a prefeitura de seu município oferece no bairro em que você mora algum serviço de coleta de entulho, móveis velhos etc. Em alguns municípios, esse serviço recebe o nome de "operação cata-bagulho". Pesquise também se há um canal de comunicação – pode ser telefone ou *e-mail* – para que os cidadãos possam reclamar da falta do serviço de coleta e denunciar descarte irregular de lixo.

Alagamento em dia de forte chuva. Taboão da Serra, São Paulo, 2015.

Tipos de bairro

Os bairros são diferentes entre si. Há bairros com mais moradias, ou seja, com muitas **casas** e **prédios**; outros com mais **estabelecimentos comerciais**; outros ainda com muitas **indústrias**. Por isso, classificamos os bairros em três tipos principais: residenciais, comerciais e industriais. Veja a seguir.

Residenciais

Nesses bairros predominam as moradias. Pode haver alguns pequenos estabelecimentos comerciais, mas sua característica principal é ser um lugar em que as pessoas moram.

Existem também as favelas, que são comunidades residenciais formadas de maneira autônoma por grupos de pessoas que, geralmente, ocupam áreas pouco valorizadas e distantes dos centros das cidades.

As primeiras favelas surgiram há mais de cem anos, no Rio de Janeiro. Soldados que voltavam da Guerra de Canudos, na Bahia, e ex-escravos recém-libertos passaram a ocupar alguns morros e a construir as próprias moradias.

Desde então, novas favelas surgiram e cresceram, o que significa que mais pessoas precisam construir as próprias moradias. Essas pessoas vêm de diferentes locais e por diferentes razões vão morar nas favelas.

Rua de bairro residencial no distrito de Ribeirão da Ilha. Florianópolis, Santa Catarina, 2014.

As **habitações** de uma favela podem ser de madeira – chamadas de barraco – ou de **alvenaria**. Muitas delas são precárias, pois são feitas pelos próprios moradores, não têm água encanada nem serviço de coleta de esgoto. É comum que estejam em zonas de risco de alagamento e desabamento – como **mananciais** ou encostas de morros –, e a maioria das instalações elétricas é precária, podendo causar curtos-circuitos e incêndios.

GLOSSÁRIO

Alvenaria: construção feita de tijolos.
Habitação: moradia; residência; casa.
Manancial: nascente de água; fonte; local de origem de um rio.

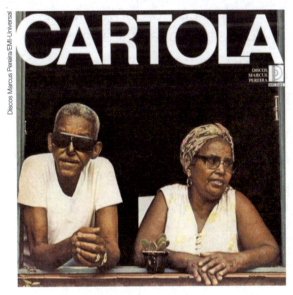

Cartola, um dos compositores mais importantes da música brasileira, morou a vida inteira no Morro da Mangueira. Entre outras, são de sua autoria as músicas *As rosas não falam* e *O mundo é um moinho*. Fotografia do LP Cartola, de 1976.

O Morro da Mangueira é sede de uma importante escola de samba e uma das favelas mais conhecidas do Brasil. Rio de Janeiro, Rio de Janeiro, 2015.

As favelas são formadas por grupos de diferentes origens e características, que formam uma comunidade heterogênea e têm identidade cultural.

Comerciais

Nesses bairros predominam estabelecimentos comerciais, ou seja, que vendem e compram mercadorias. Grande parte das edificações é ocupada por lojas, escritórios, consultórios médicos e dentários, restaurantes, cinemas etc.

Nos bairros comerciais, há grande movimentação de pessoas, o que atrai os **comerciantes informais**, mais conhecidos como **ambulantes**.

GLOSSÁRIO

Ambulante: pessoa que se dedica ao comércio de rua, sem localização fixa.

Comerciante informal: vendedor que se instala na rua, com banca improvisada, para vender produtos muitas vezes sem autorização. Também é chamado de camelô e ambulante.

Rua 25 de março. São Paulo, São Paulo.

Industriais

São bairros formados por muitas indústrias, locais em que são fabricados os produtos vendidos nos estabelecimentos comerciais – como sapatos, roupas, brinquedos, produtos alimentícios – e até mesmo meios de transporte, como motocicletas e automóveis.

Bairro industrial. Barcarena, Pará.

SAIBA MAIS

Algumas cidades planejaram seus bairros organizando-os por funções. Elas são conhecidas como cidades planejadas. Um exemplo é a capital do Brasil: Brasília, no Distrito Federal. A cidade é dividida em quadras enormes, em vez de bairros, e cada quadra tem uma função: comercial ou residencial.

Já outras cidades não foram totalmente planejadas, e, por isso, o formato dos quarteirões é irregular.

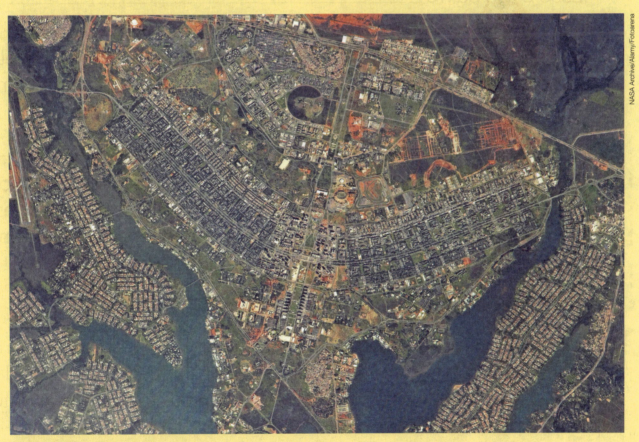

Fotografia aérea de Brasília mostrando a organização das quadras que formam o município.

1 Depois de conhecer os dois tipos de cidade, a planejada e a não planejada, pense em como seria a cidade ideal para você e escreva no caderno um breve texto sobre ela. Lembre-se de que essa cidade deve atender a todas as necessidades de seus habitantes.

 **ATIVIDADES**

1) Leia as descrições e complete as frases.

a) É um bairro com muitas moradias. As ruas são arborizadas e não têm muito movimento de veículos. Existe comércio, como padarias e quitandas, mas o que predomina mesmo são as moradias, casas térreas e prédios de apartamentos.

Esse é um bairro _____.

b) É um bairro onde são fabricados os produtos vendidos nos estabelecimentos comerciais. A maioria das pessoas chega pela manhã e vai embora no fim da tarde. Algumas edificações têm chaminés e grandes galpões.

Esse é um bairro _____.

c) É um bairro com muitas lojas, nas quais são comercializados tanto produtos do campo como os fabricados nas indústrias. As ruas são bastante movimentadas, cheias de pessoas entrando e saindo de lojas, escritórios e lanchonetes.

Esse é um bairro _____.

2) Observe a paisagem do entorno de sua escola prestando atenção nas construções e no movimento das ruas. Depois, responda: Qual é o tipo de bairro em que sua escola está localizada? Explique a resposta com base em suas observações.

_____

3) Observando o entorno de sua residência, responda: Qual é o tipo de bairro em que sua casa está localizada?

Explique a resposta com base em suas observações.

_____

_____

BRINCANDO

1 Encontre no diagrama as palavras correspondentes a cada um dos itens abaixo.

1. Estabelecimento onde geralmente as contas são pagas e os clientes depositam e sacam dinheiro.
2. Bairro com serviços básicos precários e onde há casas de madeira e de alvenaria, muitas vezes em áreas de risco.
3. Tipo de bairro em que há muitas residências.
4. Via de um bairro onde trafegam carros, motocicletas, bicicletas e ônibus.
5. Conjunto de edificações delimitado por ruas.

F	Q	R	S	A	E	G	V	H	T	R	A	U	X	Ç
A	C	R	E	S	I	D	E	N	C	I	A	L	V	R
V	D	T	R	G	H	I	P	K	J	M	U	E	A	U
E	S	Q	U	A	R	T	E	I	R	Ã	O	D	S	A
L	R	G	H	K	D	S	E	R	A	E	I	O	P	G
A	A	G	O	E	R	B	A	N	C	O	P	A	M	L

2 Decifre o código escrevendo a primeira letra do nome de cada figura. Você vai descobrir o nome de uma importante cidade que foi inteiramente planejada.

José Wilson Magalhães

BRINCANDO DE GEÓGRAFO

1 Como será um quarteirão visto de cima? Vamos aprender a desenhá-lo? Para isso, acompanhe o passo a passo a seguir.

Bairro residencial em Belo Horizonte, Minas Gerais.

1. Em cima da imagem, coloca-se um papel vegetal preso com clipes para que ele não se solte e traçam-se as linhas das ruas, das construções e das árvores observadas.

2. Depois, os telhados das construções, as ruas e as árvores são pintadas com cores diferentes.

3. Agora é a sua vez. Use a imagem desse bairro, visto de cima, e desenhe-o!

Bairro residencial em Bandeirantes, Paraná.

UNIDADE 2
O MUNICÍPIO

O que é um município?

Todos nós moramos em um bairro. O conjunto de vários bairros forma um município. Observe o mapa a seguir.

Bairros do município de Maceió – Alagoas

Fonte: MACEIÓ. *Mapa base cartográfica de Maceió*. Maceió: Prefeitura de Maceió, 2016. Disponível em: www.maceio.al.gov.br/wp-content/uploads/2018/11/pdf/2018/11/Bairros-de-Maceió.pdf. Acesso em: 16 jun. 2020.

O município é uma parte do estado. O estado é dividido em áreas menores, e cada uma delas forma um município.

Todo município tem uma **sede**, a prefeitura, que é o local em que o prefeito trabalha, com seus secretários e outros funcionários, cuidando dos problemas da cidade e da qualidade de vida dos moradores. O município é dividido em zona urbana e zona rural. A zona urbana é conhecida como cidade, e a zona rural como campo.

GLOSSÁRIO

Sede: local em que funciona uma administração, um governo.

Zona rural do município de Londrina, Paraná, 2019.

Zona urbana do município de Londrina, Paraná, 2020.

Em alguns municípios, a zona urbana cresceu tanto que acabou diminuindo muito a zona rural, ou até contribuindo para seu desaparecimento.

ATIVIDADES

1 Responda às questões.

a) O seu bairro faz parte da zona rural ou da zona urbana do município?

_____

b) Em qual município está localizado seu bairro?

_____

c) De qual estado do Brasil seu município faz parte?

_____

d) Você conhece a sede de seu município? Sabe onde ela se localiza?

_____

_____

2 Identifique a ilustração que retrata a zona urbana e a que retrata a zona rural.

A cidade

A cidade é a zona urbana do município. É nela que está localizada a sede do município, a prefeitura.

Nos bairros urbanos, há estabelecimentos comerciais (bancos, escritórios, lojas, consultórios médicos, supermercados etc.); edificações residenciais, ou seja, moradias (casas e edifícios de apartamentos); e edificações industriais (fábricas de produtos alimentícios, roupas, automóveis etc.).

Sede da prefeitura do município de Ivinhema, Mato Grosso do Sul, 2018.

Na cidade, cada bairro tem uma função predominante.

Nos bairros comerciais há muitas edificações nas quais funcionam bancos, lojas, escritórios, supermercados, consultórios médicos etc.

Rua comercial em Ubatuba, São Paulo, 2019.

Nos bairros residenciais predominam as moradias, tanto as casas térreas ou sobrados quanto os edifícios de apartamentos.

Conjunto de moradias em bairro residencial. Vitória da Conquista, Bahia, 2019.

Nos bairros industriais, a maioria das edificações são fábricas, nas quais trabalham muitas pessoas produzindo os mais variados produtos, como roupas, automóveis, alimentos etc.

Polo Industrial de Camaçari, Bahia, 2017.

As pessoas que moram nas cidades trabalham principalmente na indústria, no comércio ou em serviços (profissões que não estão envolvidas com a produção; por exemplo, professor, enfermeiro e motorista). A seguir, observe algumas profissões exercidas predominantemente nas cidades.

Vendedora ambulante.

Enfermeira.

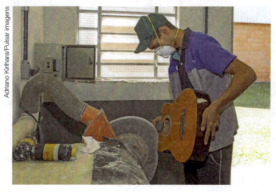

Operário.

O campo

O campo é a zona rural do município; geralmente tudo o que comemos é produzido aí. Isso significa que a zona rural é muito importante para a zona urbana.

É na zona rural que são plantados os legumes, as verduras e as árvores **frutíferas** e são criados animais como vacas, porcos e galinhas.

As plantações e a criação de animais são feitas em sítios, chácaras e fazendas.

As pessoas da zona rural geralmente trabalham na agricultura, na pecuária ou no **extrativismo**.

GLOSSÁRIO

Extrativismo: retirar o produto diretamente da natureza para comercializá-lo.

Frutífero: que produz fruto; relativo a frutas.

Agricultores trabalhando em produção de hortaliças. Venda Nova do Imigrante, Espírito Santo, 2019.

Criação de porcos na zona rural do município de Jundiaí, São Paulo, 2018.

Trabalhadores recolhendo cristais de sal na salina da Praia Seca. Araruama, Rio de Janeiro, 2018.

As pessoas que se dedicam à agricultura são chamadas de **lavradores** ou **agricultores**. São elas que preparam o solo, plantam e colhem.

Mas nem sempre tudo sai como o esperado, e muitos trabalhadores do campo encontram dificuldades para comprar sementes, ferramentas e maquinário, ou, ainda, sofrem com as condições do tempo. Diante disso, parte dos lavradores abandona suas terras e desloca-se para a cidade em busca de trabalho. O movimento de pessoas de um lugar para outro se chama **migração**. Especificamente, o movimento de pessoas que saem do campo para a cidade é chamado **êxodo rural**.

As famílias da zona rural migram para a cidade, na maioria das vezes, em busca de melhores condições de vida. Antônio Rodrigues. *Estamos indo embora*, 2019. Cerâmica.

O cotidiano de trabalho no campo

Existem trabalhadores que são contratados temporariamente para trabalhar apenas no período de colheita. Eles são conhecidos como **boias-frias**. Esse nome está relacionado ao fato de eles não contarem com nenhuma infraestrutura de cozinha ou refeitório para aquecer suas refeições.

A vida desses trabalhadores é difícil, e há esforços do governo e das organizações de trabalhadores para melhorar suas condições de trabalho.

GLOSSÁRIO

Boia-fria: trabalhador rural que ocupa tarefas temporárias, sem carteira de trabalho assinada, que come no local de trabalho a boia (gíria para comida).

No campo, o trabalhador pode se dedicar à agricultura, à pecuária (criação de animais) e à atividade extrativista.

Trabalhador extraindo látex de seringueira.

Trabalhador cuidando da criação de animais.

SAIBA MAIS

Segundo dados do XII Censo Demográfico realizado pelo **Instituto Brasileiro de Geografia e Estatística (IBGE)**, em 2010 havia no Brasil cerca de 190 milhões de habitantes, dos quais 160 milhões viviam na zona urbana e apenas 30 milhões na zona rural.

Isso significa que, de cada 100 brasileiros, somente 15 viviam no campo, enquanto 85 moravam nas cidades. Mas essa diferença nem sempre foi tão grande: até os anos 1960, a maior parte da população brasileira vivia na zona rural.

Fonte: IBGE. *Sinopse do Censo Demográfico 2010. IBGE*, Rio de Janeiro, 2010. Disponível em: https://censo2010.ibge.gov.br/sinopse/index.php?dados=11&uf=00. Acesso em: 12 maio 2020.

Zona urbana — 85%

Zona rural — 15%

BRINCANDO DE GEÓGRAFO

1 Agora que você já aprendeu o que é um município e conhece as partes que o compõem (campo e cidade), forme um grupo com os colegas e, juntos, façam a maquete de um município para representar as diferenças entre a área urbana e a rural.

Estejam atentos aos seguintes passos e dicas.

1. Dividam a base, que pode ser de madeira ou de papelão, em duas partes iguais. Para isso, usem régua e lápis. Um lado será a zona rural e o outro a zona urbana.

2. Para fazer as edificações, vocês podem utilizar caixinhas de fósforos e outras embalagens (caixas de remédio ou de sapatos, potes, tampas etc.) de materiais recicláveis.

3. Para fazer as árvores e a vegetação da zona rural, é possível usar palitos de sorvete ou espetinhos de churrasco com bolinhas de papel crepom verde.

4. Por fim, não se esqueçam de incluir veículos (carros, caminhões, ônibus, motocicletas, bicicletas etc.) e pessoas, conforme as características específicas de ambas as zonas do município.

Reinaldo Rosa

**ATIVIDADES**

1 Observe a paisagem e faça o que se pede.

a) Que tipo de paisagem está representada: urbana ou rural?

_____

b) Na ilustração, identifique os elementos que a caracterizam como o tipo de paisagem que você apontou.

_____

2 Escreva no quadro pelo menos cinco elementos da paisagem da zona rural e cinco elementos da paisagem da zona urbana.

Zona rural	Zona urbana

3) Com base no que foi estudado nesta unidade, complete as frases com as palavras corretas.

> rural   estado   êxodo   município   urbana

a) O _____ é formado por um conjunto de bairros.

b) Na zona _____ de um município predominam elementos naturais, como rios e árvores; nela a paisagem foi pouco modificada pelo ser humano.

c) Na zona _____ de um município predominam edificações para moradia, indústria e comércio; nela a paisagem foi bastante modificada pelo ser humano.

d) O _____ é formado por um conjunto de municípios.

e) O _____ rural é o movimento de pessoas que saem do campo em direção à cidade.

PESQUISANDO

1) Faça uma pesquisa sobre a população do município em que você mora e escreva as informações no caderno.

a) Quantos habitantes há no município?

b) Quantos bairros compõem seu município?

c) A maioria dos habitantes do município mora na zona rural ou na zona urbana?

d) A maioria dos habitantes do município trabalha na agricultura ou pecuária, na indústria ou no comércio?

e) Por qual nome (gentílico) é chamado quem nasce no município em que você mora?

PEQUENO CIDADÃO

Migrantes do Brasil

O Censo 2010, realizado pelo IBGE, mostrou que mais de 67 milhões de pessoas não residem no município em que nasceram. Isto é, são migrantes.

Esse grande e intenso movimento de pessoas marcou a história do Brasil. As culturas se misturaram, e hoje há danças, músicas, pratos típicos, vestuário e sotaques diferentes em cada estado e região do Brasil.

Todos os migrantes devem ser respeitados, e suas culturas reconhecidas.

Você provavelmente conhece um ou mais migrantes. Que tal entrevistar um deles? Pode ser até alguém de sua própria família.

Passista de frevo. Recife, Pernambuco.

Grupo de Folia de Reis. São José dos Campos, São Paulo.

1 Siga o roteiro abaixo, transcreva as respostas da entrevista numa folha separada e depois compartilhe as informações com a turma.

Perguntas norteadoras – entrevista

1. Qual é seu nome e sua idade?
2. Em que lugar você nasceu – cidade, estado e país?
3. Que motivos levaram você a deixar seu lugar de origem?
4. Qual é sua atividade hoje em dia?
5. Você mantém costumes de seu lugar de origem? Quais?
6. Como foi a adaptação ao lugar onde vive hoje? Já sofreu preconceito por ser migrante?

A ADMINISTRAÇÃO DO MUNICÍPIO

UNIDADE 3

Os serviços públicos

A administração do município é responsabilidade do **prefeito** e dos **secretários**. Prestar serviços públicos faz parte da administração. Há alguns serviços que são atribuição da prefeitura, como:

- iluminação pública;
- pavimentação, limpeza e arborização das ruas, praças e avenidas;
- construção de moradias populares;
- limpeza urbana (coleta de lixo e limpeza de bueiros e córregos);
- construção e administração de escolas, creches, bibliotecas e parques infantis.

GLOSSÁRIO

Atribuição: responsabilidade, obrigação.

Esses serviços são importantes para melhorar a qualidade de vida e atender às necessidades básicas dos habitantes de um município.

Construção de rede de esgoto.

Transporte coletivo.

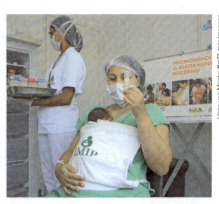

Construção e gestão de postos de saúde.

Todos esses serviços são pagos pelos cidadãos por meio dos impostos e das taxas, constituindo um direito da população, que pode e deve fiscalizar e cobrar de seu governante a realização dessas **benfeitorias**.

Além dos secretários, há outras pessoas que ajudam o prefeito: são os funcionários públicos, que trabalham prestando serviços públicos, como médicos, professores, carteiros, policiais, bombeiros e muitos outros.

GLOSSÁRIO

Benfeitoria: melhoria, benefício.

ATIVIDADES

1 Pinte os itens que apresentam os serviços públicos que existem em seu bairro.

POSTO DE SAÚDE   BIBLIOTECA

CRECHE   TRANSPORTE PÚBLICO

COLETA DE LIXO

PARQUES   PAVIMENTAÇÃO

2 Liste abaixo os serviços públicos que você pintou na atividade anterior. Depois, escreva sobre qual é a importância de cada um deles para você e para os demais cidadãos.

_____

_____

PESQUISANDO

1 Pergunte a adultos próximos quais trabalhos feitos por funcionários públicos estão presentes no cotidiano deles. Cite ao menos três exemplos.

2 Com a ajuda do professor, pesquise o que se pede.

a) O nome de uma creche ou escola de educação infantil de seu município.

b) Em seu município, nos últimos anos, foram construídas moradias populares pela prefeitura?

O governo do município

O município é governado pelo prefeito, que é escolhido pela população por meio do **voto** em uma **eleição**. O prefeito permanece no cargo por um período de quatro anos, ao final dos quais são realizadas novas eleições.

No Brasil, para votar é necessário tirar um documento chamado Título de Eleitor e ter a idade mínima de 16 anos.

Em 1996, alguns eleitores brasileiros começaram a votar em urnas eletrônicas, mas só a partir de 2010 todos os municípios do país passaram a usá-las. Antes da introdução das urnas eletrônicas, os votos eram escritos em uma folha de papel, chamada cédula eleitoral, e depositados em uma urna. Atualmente, basta digitar o número do candidato na própria urna eletrônica.

Urna eletrônica.

GLOSSÁRIO

Eleição: escolha de um candidato por meio de votação.

Voto: forma de demonstrar a opção por um candidato para determinado cargo.

O prefeito, o vice-prefeito e os secretários – as pessoas que o ajudam – fazem parte do Poder Executivo. Mesmo sendo uma autoridade, o prefeito também tem de respeitar as leis. O local de trabalho desses governantes chama-se prefeitura.

O Poder Executivo administra o município em parceria com o Poder Legislativo.

Prédio da Prefeitura Municipal de Blumenau, Santa Catarina.

O que é o Poder Legislativo?

Todos os lugares têm regras que mostram o que é ou não permitido. Não é diferente em um município.

Os vereadores trabalham na **Câmara Municipal**. Eles criam e aprovam projetos de leis que garantem os direitos e estabelecem os deveres dos habitantes do município. São eleitos pelo voto e fazem parte do Poder Legislativo.

GLOSSÁRIO

Câmara Municipal: local em que os vereadores se reúnem para discutir e aprovar as leis municipais.

Vereadores em sessão plenária na Câmara Municipal de Fortaleza, Ceará.

Prédio da Câmara Municipal de Camamu, Bahia.

O que é o Poder Executivo?

No município, o Poder Executivo é representado pelo prefeito, auxiliado pelo vice-prefeito e os secretários. Juntos, eles administram, coordenam e planejam as ações do governo de acordo com o interesse público, ou seja, da população.

O prefeito recebe as seguintes atribuições:
- aplicar corretamente o dinheiro dos impostos e **taxas** pagos pelos moradores do município;
- dialogar com a população;
- colocar em prática as leis que são formuladas pelo Poder Legislativo.

Se o prefeito se ausentar, é o vice-prefeito que o substitui.

Por meio das secretarias, os secretários ajudam o prefeito a organizar e executar os serviços de que a população necessita, como o recolhimento do lixo domiciliar, a limpeza e a iluminação de avenidas e praças, a construção e a manutenção das ruas, a administração de escolas e hospitais etc.

GLOSSÁRIO

Taxa: quantia cobrada pelo governo para que possa fornecer os serviços de que a população necessita.

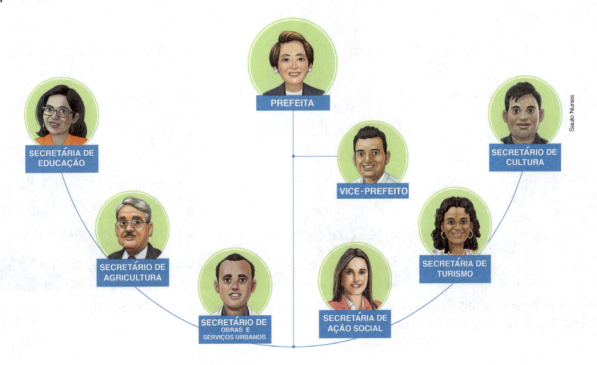

Há, ainda, outro poder – o Judiciário – que não faz parte do governo municipal, mas atua no município. Juízes de direito e promotores públicos compõem esse poder, cuja função principal é julgar aqueles que não respeitam a lei.

SAIBA MAIS

A urna eletrônica foi um grande avanço nas eleições do país. Mas a tecnologia não parou e, em 2010, 60 municípios utilizaram a identificação biométrica. Assim, o eleitor é reconhecido não apenas pelos seus documentos (título eleitoral, registro geral ou carteira de motorista), mas também por suas digitais, que são únicas no mundo. Atualmente a Justiça Eleitoral está realizando o recadastramento biométrico em todo o país, e logo todos os municípios terão acesso a essa avançada tecnologia.

- Você sabia que o primeiro município paulista a utilizar o sistema biométrico de identificação foi Nuporanga, nas eleições de 2010?
- Em 2014, 11 municípios paulistas já haviam passado pelo mesmo procedimento.

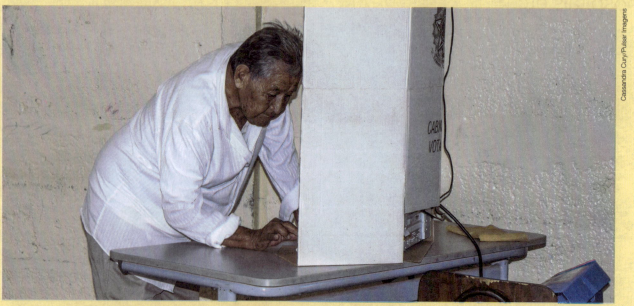

Eleitor indígena votando em urna eletrônica na Aldeia urbana Marçal de Souza. Campo Grande, Mato Grosso do Sul.

BRINCANDO

1 Os debates realizados entre os candidatos antes das eleições são muito importantes para ajudar o eleitor a decidir seu voto. Vamos brincar? Imagine que a sala de aula seja um estúdio de gravação no qual começará um debate eleitoral. Para fazer o debate, você e os demais colegas deverão seguir os passos abaixo.

1. Definam os candidatos. Ao menos dois devem participar.
2. É preciso que alguém faça a mediação do debate. Esse aluno será responsável pelo controle do tempo de fala e por dar voz à plateia para que ela faça perguntas.
3. Criem regras para o debate. Por exemplo: perguntas de um minuto e respostas de dois minutos.
4. Escolham temas para o debate relacionados à cidade – como educação, moradia, saúde, habitação –, ou então relacionados à própria escola – conservação do prédio escolar, disciplina e indisciplina, preconceito etc.
5. Depois de escolhidos os temas, cada candidato deverá criar um programa de governo, ou seja, estratégias para solucionar os problemas.

Pronto! Agora vocês já podem começar o debate e discutir as propostas.

ATIVIDADES

1 Ligue cada frase à palavra correspondente.

a) Equipamento utilizado nas eleições para registrar os votos.

b) Local de trabalho do prefeito.

c) É por meio dela que a população escolhe seus representantes do Poder Executivo municipal.

- prefeitura

- votação

- urna eletrônica

2 De acordo com o que você estudou, complete as frases adequadamente com as seguintes palavras:

> vice-prefeito   vereadores   secretários   biometria

a) O _____ e os _____ auxiliam o prefeito na administração, coordenação e planejamento do governo.

b) Os _____ trabalham na Câmara Municipal e são os responsáveis pela criação e aprovação das leis.

c) A _____ começou a ser usada nas eleições de 2010; ela auxilia na identificação dos eleitores.

3 Organizem-se em duplas e escolham uma questão relacionada a um dos seguintes temas: saúde, educação ou esporte. Proponham um projeto de lei com ideias e sugestões para solucionar um problema na área escolhida. Imaginem-se vereadores de seu município e... mãos à obra! Anotem as respostas no caderno.

a) Título do projeto de lei.

b) Objetivos principais.

4 Entre as frases abaixo, apenas uma está correta. Assinale-a com um **X**.

☐ Na ausência do prefeito, é um dos secretários que governa o município.

☐ O vice-prefeito e os secretários não devem ajudar o prefeito.

☐ Os vereadores não são escolhidos pelo povo.

☐ Na maior parte do Brasil, as eleições são realizadas com cédulas de papel depositadas em urnas.

☐ É importante que os eleitores fiscalizem e cobrem os governantes eleitos para que as promessas de campanha sejam cumpridas.

5 Procure em jornais, revistas ou na internet quais são as atuais secretarias municipais de sua cidade e qual foi a última mudança significativa que beneficiou toda a população. Recorte essas notícias e organize com os colegas um mural na sala de aula sobre a prefeitura.

6 Selecione, entre as notícias pesquisadas, uma que tenha beneficiado as crianças e os adolescentes do município. Registre-a abaixo com suas palavras.

_____
_____
_____
_____
_____

As diversões no município

Assim como as pessoas precisam se alimentar, dormir, cuidar da saúde, estudar e trabalhar, também precisam de lazer.

GLOSSÁRIO

Lazer: diversão, entretenimento, atividades físicas e até mesmo repouso; aquilo que traz prazer e alegria para o corpo e para a mente.

Pessoas assistindo a uma apresentação musical no Teatro Municipal de São Paulo, São Paulo.

Pessoas divertindo-se e descansando em área verde. Porto Alegre, Rio Grande do Sul.

Pessoas passeando e contemplando a paisagem do Jardim Botânico Maria Garfunkel Rischbieter. Curitiba, Paraná.

Crianças brincando na praia.

Há várias opções de lazer no município. Veja algumas:
- parques e praças;
- praias;
- clubes e estádios de futebol;
- pistas para *skate* e patins;
- cinemas e teatros;
- museus;
- bibliotecas e centros culturais;
- feiras de artesanato e feiras gastronômicas;
- zoológico;
- horto florestal.

A prefeitura deve colocar à disposição dos habitantes locais de diversão, como praças e parques públicos, onde há espaço para caminhar, andar de bicicleta, fazer piquenique e ler um livro à sombra de uma árvore.

No entanto, se a pessoa quiser, também pode se divertir em sua casa assistindo a um filme ou ouvindo música com os familiares, por exemplo.

Prática de *rafting* no Rio Novo. Parque Estadual do Jalapão, Mateiros, Tocantins.

Família reunida brincando com jogo de tabuleiro.

O importante é reservar um tempo para o lazer!

Há algumas opções de lazer e esportes que só podem ser praticados na zona rural, como o **rafting** e a hospedagem em hotéis-fazenda.

GLOSSÁRIO

Rafting: descida em corredeiras de rios com botes infláveis.

ATIVIDADES

1 Explique por que o lazer é importante na vida das pessoas.

_____

_____

2 Observe as imagens e responda:

a) Você já se divertiu com alguma dessas atividades? Qual?

_____

b) Qual dessas atividades você tem mais vontade de experimentar?

_____

Jogo de xadrez.

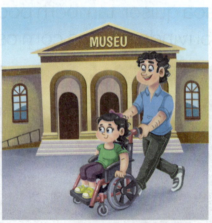

Visita ao museu.

Mergulho turístico.

Ilustrações: Murilo Moretti

3 Escreva no caderno atividades de lazer que você gostaria que houvesse em seu município. Depois, compartilhe com a turma o que pensou e verifique se há alguma semelhança entre sua opinião e a dos colegas.

4 Com a ajuda do professor, escreva um *e-mail* para a Secretaria Municipal de Lazer de sua cidade solicitando a instalação de novas áreas de lazer. Liste o que você gostaria que houvesse nessas áreas, como brinquedos, bancos, quadras, lixeiras etc.

Lixo no município

Atualmente, um dos sérios problemas dos municípios é a grande quantidade de lixo gerado todo dia.

Você já reparou na quantidade de lixo que você, sua família e seus amigos produzem? Imagine, então, a quantidade de lixo de um município inteiro!

Todo esse lixo tem vários destinos, entre eles lixões, aterros sanitários, usinas de compostagem, coleta seletiva e reciclagem.

Resíduo sendo depositado no lixo.

Caminhão depositando resíduos sólidos em aterro sanitário. Fortaleza, Ceará.

No lixão, o material recolhido é descarregado sem nenhum tratamento, contaminando solo e água.

Já nas usinas de compostagem, o lixo sólido recolhido é transformado em adubo, podendo ser reutilizado na produção agrícola.

Veja o funcionamento de um aterro sanitário na ilustração a seguir:

Quando o lixo é depositado no aterro sanitário, o **chorume**, produzido pelo lixo em **decomposição**, é recolhido sem poluir o solo.

Já a reciclagem é muito importante, pois possibilita reutilizar os materiais usados e produzir novos materiais, reduzindo a quantidade de matéria-prima retirada da natureza e o lixo diariamente produzido.

É por meio da coleta seletiva que são recolhidos os materiais que podem ser reciclados, como papel, plástico, papelão, latinhas de alumínio e outros.

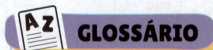

GLOSSÁRIO

Chorume: líquido poluente produzido pela decomposição do lixo. Ele tem cor escura e odor nauseante.

Decomposição: apodrecimento.

Separação de materiais para reciclagem. Jequitinhonha, Minas Gerais, 2019.

 **SAIBA MAIS**

Você sabia que uma pessoa gera, por ano, mais ou menos 300 quilos de lixo? É muito, não?

Mas você pode contribuir para mudar essa situação. Basta estar atento aos 3 Rs: **R**eduzir, **R**eutilizar e **R**eciclar. Trata-se de: consumir somente o necessário, evitando, assim, desperdícios; reutilizar tudo aquilo que é possível; separar corretamente o lixo reciclado.

 ATIVIDADES

1 Responda oralmente: Quais podem ser os destinos do lixo?

2 Observe novamente a imagem do aterro sanitário da página 160 e responda: Quais os riscos que um lixão pode oferecer à qualidade de água?

_____

_____

_____

BRINCANDO

1 Que tal pôr em prática a lição dos 3 Rs? Vamos fazer um vaso com uma garrafa PET! Para isso você precisará de alguns materiais, mas lembre-se: o prego e o martelo devem ser manipulados por um adulto.

Material:
- garrafa PET vazia e com tampa;
- tesoura sem ponta;
- prego e martelo;
- fita adesiva colorida;
- terra;
- adubo orgânico;
- areia;
- sementes.

Passo a passo

1. Corte a garrafa PET ao meio com a tesoura sem ponta.
2. Retire a tampinha e peça a um adulto que faça um furo com o prego bem no centro dela.
3. Coloque um pouco de areia na parte inferior da garrafa PET.
4. Encaixe a parte superior, com a tampa voltada para baixo, na parte inferior.
5. Use a fita adesiva colorida para cobrir todas as rebarbas de plástico.
6. Coloque a terra e o adubo no vaso e plante a semente.

Pronto! Basta regar regularmente para que em pouco tempo você tenha uma bela plantinha em casa – e também terá contribuído com o planeta reaproveitando objetos e diminuindo a produção de lixo.

Ilustrações: Waldomiro Neto

O município faz parte de um estado

Você já estudou que o **município** é uma parte do **estado**. Agora aprenderá que o estado onde você mora também é parte de uma área maior, nosso **país**, o Brasil.

Observe os mapas a seguir.

Fonte: IBGE. Porto Velho. *IBGE*, Rio de Janeiro, c2017. Disponível em: https://cidades.ibge.gov.br/brasil/ro/porto-velho/panorama. Acesso em: 13 maio 2020.

Fonte: IBGE. Porto Velho. *IBGE*, Rio de Janeiro, c2017. Disponível em: https://cidades.ibge.gov.br/brasil/ro/porto-velho/panorama. Acesso em: 13 maio 2020.

Fonte: IBGE. *Atlas geográfico escolar*. 8. ed. Rio de Janeiro: IBGE, 2018. p. 90.

Todo país tem um município chamado de capital. Brasília é a capital do Brasil. Nesse município está a sede do país, que acolhe os poderes Legislativo, Executivo e Judiciário. É em Brasília que o presidente do Brasil trabalha.

Lembre-se de que todo município tem uma sede, que também é a sede da administração do governo municipal, onde o prefeito, secretários e servidores administram o município.

A capital dos estados

Assim como o país, cada estado também tem uma capital, que exerce importante função administrativa.

Na capital dos estados trabalha o governador, a pessoa responsável pelo Poder Executivo estadual. Nesses municípios também se localizam os poderes Legislativo e Judiciário estaduais.

GLOSSÁRIO

Poder Judiciário: parte do Estado responsável pela aplicação das leis registradas e asseguradas na Constituição.

Visão de parte do município de Porto Alegre, capital do estado do Rio Grande do Sul. Fotografia de 2019.

1) Observe o mapa do Brasil a seguir e faça o que se pede.

a) Pinte de verde o estado em que você mora.

b) Pinte de amarelo os estados que fazem fronteira com o seu.

Fonte: IBGE. *Atlas geográfico escolar*. 8. ed. Rio de Janeiro: IBGE, 2018. p. 90.

2) Escreva nos espaços abaixo o nome dos estados correspondentes:

a) ao Sul do Trópico de Capricórnio – _____

b) cortados pelo Equador – _____

_____

O estado em que você vive está na costa ou no interior?

_____

1 A capital de cada estado é um importante centro administrativo e de concentração populacional. Descubra mais informações sobre a capital de seu estado pesquisando na internet e conversando com os adultos.

a) Qual é a capital do estado em que você mora?

b) Quem é o governador de seu estado?

1 Observe com atenção o mapa do Brasil da página 163 e responda às charadas propostas a seguir.

a) Eu sou o estado que tem o primeiro mês do ano no nome:
_____

b) Meu único vizinho brasileiro é o estado de Santa Catarina:
_____

c) Eu sou o menor estado brasileiro:
_____

d) Eu sou o estado cuja capital enxerga muito bem:
_____

2 Desembaralhe as sílabas e descubra o nome dos estados.

| NÁ PA RA | TO TINS CAN | BU CO NAM PER |

_____ _____ _____

UNIDADE 4

TRÂNSITO

Trânsito de pedestres e automóveis. Praça 7 de setembro. Belo Horizonte, Minas Gerais, 2018.

Organização do trânsito

Trânsito é o conjunto de pessoas e de veículos que se deslocam de um local para outro.

É cada vez maior o número de pessoas e veículos nas ruas da cidade, o que demanda soluções para problemas cada vez mais urgentes, como o tempo de deslocamento, a dificuldade de acesso aos bairros, a intensificação da poluição do ar etc.

Para organizar o trânsito há os semáforos, as faixas de segurança, as placas de sinalização e os agentes de trânsito. Devemos estar atentos a todos eles.

O semáforo tem três cores: **vermelho**, **amarelo** e **verde**. Cada cor indica um comando:

Pare!
Atenção!
Siga!

As faixas de segurança ou faixas de pedestre são pintadas no chão das ruas na cor branca. É por elas que devemos atravessar. As placas de sinalização estão espalhadas por toda a cidade, e cada uma tem um significado. Elas servem para organizar o trânsito de veículos e de pedestres.

Os agentes de trânsito orientam os pedestres e os motoristas.

Devemos respeitar os sinais de trânsito para evitar acidentes. Muitas vezes ocorrem acidentes com veículos e pedestres porque as ruas, avenidas e estradas são mal sinalizadas ou porque pedestres e motoristas não respeitam a sinalização.

Respeitar as sinalizações e os comandos dos agentes de trânsito é importante para garantir a segurança de todos.

Para evitar acidentes, devemos:
- atravessar a rua apenas se o sinal estiver fechado para os carros;
- atravessar na faixa de pedestre;
- antes de atravessar a rua, olhar bem para os dois lados e verificar se não há automóveis em movimento;
- não entrar nem sair de veículos em movimento;
- não colocar as mãos, os braços ou a cabeça para fora de veículos em movimento;
- nunca correr atrás de bolas ou pipas em vias públicas (ruas, avenidas, estradas etc.).

A ausência de sinalização e o não cumprimento das regras de trânsito pode causar acidentes.

 **SAIBA MAIS**

Segurança para transportar bebês e crianças nos automóveis

O cinto de segurança é desenvolvido para o adulto com, no mínimo, 1,45 m de altura; portanto, não é um dispositivo de segurança para crianças. Daí a existência das cadeiras de segurança, cujo objetivo é fixar de forma segura as crianças no banco do veículo e reduzir a gravidade do impacto em caso acidente, como batida de automóvel, freada brusca etc.

Esteja atento para o uso do equipamento correto conforme a idade:

- de 0 a 1 ano: bebê conforto;
- de 1 a 4 anos: cadeirinha de segurança;
- de 4 a 7 anos: elevação ou *booster*.

Elaborado com informações do Detran-PR. Disponível em: www.educacaotransito.pr.gov.br. Acesso em: jun. 2020.

ATIVIDADES

1 Circule as imagens que são indispensáveis para a organização do trânsito.

2 Leia as dicas e encontre as palavras no diagrama.

1. Deve sempre pilotar com capacete, roupas e equipamentos adequados.
2. Tem preferência no trânsito, deve andar sempre pela calçada e atravessar a rua na faixa.
3. Indica se pedestres e veículos podem avançar ou parar.
4. São funcionários que trabalham para garantir a organização e a segurança do trânsito.
5. Elas sinalizam, entre outras coisas, o que é permitido e o que é proibido no trânsito.

M	O	T	O	C	I	C	L	I	S	T	A	B
X	D	F	A	S	R	G	H	J	O	P	G	A
Q	E	W	R	F	G	V	S	H	I	Z	U	G
K	V	Y	I	V	B	J	S	C	O	P	A	E
O	P	Ç	K	L	F	G	S	R	T	B	R	N
T	S	E	M	Á	F	O	R	O	S	F	D	T
U	H	F	V	B	C	X	P	T	D	S	A	E
D	P	E	D	E	S	T	R	E	N	B	S	S
C	F	H	P	G	F	P	L	A	C	A	V	R

3 No texto a seguir, circule os meios de transporte.

[...]
O carro anda rapidinho. Me leva aonde preciso for.
Mas, se o lugar é distante, é o avião que me leva adiante.
[...]
Mas, se o caminho é por terra, o trem apita e acelera.

Ellen Pestilli. *Quem vai e vem um jeito sempre tem*. São Paulo: Editora do Brasil, 2019. p. 12, 14 e 21.

4 Dos meios de transporte identificados no texto:

a) Você utiliza algum em seu cotidiano? Se sim, qual?

_____

b) Qual ou quais você nunca utilizou?

_____

_____

c) De acordo com o texto, qual é o meio de transporte mais adequado para chegar rapidamente a um destino? E para percorrer uma distância muito grande?

_____

d) Desenhe, em seu caderno, um meio de transporte que não tenha sido mencionado, mas que você conhece ou já usou.

🔍 PESQUISANDO

1 O Código de Trânsito Brasileiro vale para todo o território nacional. Nele estão explicadas as regras e a sinalização de trânsito. Com o auxílio de um adulto, pesquise as placas de trânsito a seguir e o significado delas.

Reescreva as frases abaixo substituindo a imagem da placa pelo significado dela.

a) É 🚫Ⓔ sobre as faixas de pedestre.

_____

b) Não vire à esquerda, ⬆ mais três quarteirões até minha casa.

_____

c) Cuidado! No fim dessa rua há um 🔻 que é perigoso.

_____

Meios de transporte

Os **meios de transporte** são muito importantes para levar as pessoas e as mercadorias de um lugar para outro.

Carro, ônibus, trem, metrô, caminhão, bicicleta, carroça, barco, balsa, canoa, motocicleta, helicóptero, avião e alguns animais são meios de transporte.

O **metrô** é um meio de transporte rápido e moderno, que ajuda no deslocamento de milhares de pessoas por dia.

Além de ser uma alternativa rápida e segura para transportar pessoas, ele diminui o congestionamento de veículos nas ruas e avenidas.

Metrô operando na Estação República. São Paulo, São Paulo, 2019.

Os **ônibus** também contribuem para diminuir o congestionamento nas vias. Em alguns casos, há corredores exclusivos para os ônibus, o que torna a viagem ainda mais rápida.

Em alguns estados e municípios do país, há ainda a disponibilidade de **mototáxis**. Esse meio de transporte possibilita às pessoas chegar rapidamente a seu destino.

Ônibus trafegando em via pública. Palmas, Tocantins, 2017.

Transportes individuais e coletivos

Os meios de transporte podem ser de uso coletivo ou individual.

As pessoas que usam os meios de transporte coletivo não são as proprietárias, mas, assim como todo cidadão, contribuem para a manutenção e o funcionamento desses veículos pagando a passagem e os impostos específicos.

Nos meios de transporte individuais, as pessoas são as proprietárias do veículo (carro, motocicleta etc.), pois pagaram por ele numa loja especializada ou o compraram de outro proprietário.

São exemplos de transporte coletivo: ônibus, trem, metrô, balsa.

Se bem administrados pelo poder público e preservados pela população, os meios de transporte públicos podem oferecer vantagens em relação ao transporte privado, como menor emissão de gases poluentes e menos automóveis nas ruas, pois transportam um número maior de passageiros, o que melhora o trânsito nos municípios.

Comparação do transporte de 190 passageiros feito por transporte coletivo (ônibus) e por transporte individual (carro).

O carro e a poluição

Ao usar o carro, contribui-se para aumentar a poluição do município, estado, país e planeta, pois muitos gases poluentes são liberados no ar.

Sempre que possível, deve-se escolher locomover de transporte coletivo, de bicicleta ou mesmo a pé, pois é muito mais saudável para as pessoas e para a Terra.

Além disso, em alguns municípios já existem ônibus movidos a eletricidade ou a hidrogênio, os quais contribuem com a redução da emissão de gases nos grandes centros urbanos.

Ônibus movido a energia elétrica em São Paulo, São Paulo.

Ônibus movido a hidrogênio e energia elétrica. Rio de Janeiro, Rio de Janeiro.

1 Reescreva as frases corrigindo-as.

a) A balsa, a bicicleta e o metrô são transportes individuais.

_____

b) O carro, a moto e o ônibus são transportes coletivos.

_____

BRINCANDO DE GEÓGRAFO

1 Observe as imagens e ligue os personagens aos meios de transporte mais adequados. Não se esqueça de escrever se eles são coletivos ou individuais.

"Pessoal, fiquem todos atentos! Daqui a pouco partiremos para a nossa visita ao museu."

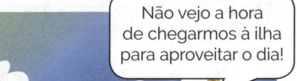

"Não vejo a hora de chegarmos à ilha para aproveitar o dia!"

"Vai ser muito divertido! Mas antes precisamos atravessar o canal."

"Adoro passear ao ar livre e sentir a brisa no rosto!"

PEQUENO CIDADÃO

Transporte público gratuito

Gratuidade e meia passagem no transporte público: uma conquista em muitos municípios. Idosos, crianças de colo, estudantes, desempregados e pessoas com deficiência têm gratuidade ou descontos para circularem em meios de transporte coletivo, como ônibus, trem, metrô e até mesmo em viagens de ônibus e avião!

Garantidos por leis municipais, estaduais e federais, esses benefícios são conquistas da sociedade.

- Peça ajuda a seus pais, responsáveis ou a um outro adulto para escolher um meio de transporte público de seu município e pesquisar que tipo de gratuidade ou desconto é oferecido.
- Depois preencha os campos abaixo e reflita sobre a importância dessas ações.

Estado:

_____

Município:

_____

Meio de transporte público coletivo:

_____

Modalidade de desconto ou gratuidade:

_____

_____

Beneficiário:

_____

MEIOS DE COMUNICAÇÃO

UNIDADE 5

A importância de se comunicar

A comunicação é uma necessidade de todos. Por meio dela, as pessoas transmitem pensamentos, informações e expressam ideias.

São **meios de comunicação**: carta, telegrama, o telefone fixo e celular, rádio, televisão, cinema, internet, jornal, revista, livro, **propaganda** etc.

GLOSSÁRIO

Propaganda: estratégia de convencimento para vender um produto.

O jornal impresso é um meio de comunicação que traz notícias de vários temas, como política, esportes, economia, cultura, entre outros.

Os meios de comunicação escrita entre pessoas são a carta, o telegrama, o *e-mail*, assim como as contas de consumo de água e de luz etc. Os Correios cuidam de toda a correspondência impressa que as pessoas enviam ou recebem.

A televisão, entre vários outros, é um dos meios de comunicação. Nela são transmitidas, com som e imagem, notícias, programas educativos, jogos esportivos, filmes etc.

Atualmente, diversos aparelhos eletrônicos possibilitam a comunicação via internet, por exemplo, os *tablets* e os *smartphones*.

O telefone é um meio de comunicação rápido e prático que possibilita a comunicação direta, a distância, entre nós e as pessoas que estão em outros locais, outras cidades, outros estados ou até em outros países.

Por meio do telefone, podemos nos comunicar diretamente com pessoas que estão em outros lugares.

Os celulares podem ser levados para qualquer lugar, e hoje quase todos têm acesso à internet e são equipados com uma série de aplicativos, o que os torna aparelhos multiuso e multifuncional (máquina fotográfica, gravador, GPS, calculadora e despertador são algumas de suas principais funções), chamados *smartphones*.

Há ainda os telefones públicos, conhecidos popularmente como "orelhões", que estão nas ruas.

Com os avanços tecnológicos, as pessoas podem comunicar-se por celular ou computador conectado à internet, um dos meios de comunicação mais modernos que existem. Desse modo, som e imagem podem ser transmitidos simultaneamente.

Telefone celular do tipo *smartphone*.

Com a modernização dos meios de comunicação, muitas informações podem ser divulgadas em tempo real, ou seja, ao vivo, via internet.

Crianças usando aparelhos eletrônicos conectados à internet.

Um jogo de Copa do Mundo de futebol, por exemplo, pode ser transmitido ao mesmo tempo para milhões de pessoas em diversos países. Isso é possível graças aos **satélites de comunicação**.

Eles transmitem dados, sinais de televisão, de rádio e até mesmo de telefone.

O **SCD-1** foi o primeiro **satélite** brasileiro a ser lançado no espaço, em 1993. Ele transmite informações para previsão do tempo, entre outras aplicações.

SCD-1 em teste no Instituto Nacional de Pesquisas Espaciais (Inpe). São José dos Campos, São Paulo, 1993.

A evolução dos meios de comunicação

Os meios de comunicação aproximam as pessoas e contribuem para o desenvolvimento cultural de todas as sociedades.

Com o desenvolvimento de diversas tecnologias, como o computador e a internet, novas profissões surgiram. Conheça algumas delas.

- *Web designer*: pessoa que cria os **sites** da internet.
- Programador de *software*: cria os programas dos computadores.
- Engenheiro da computação: estuda o funcionamento interno do computador com base em conhecimentos matemáticos.
- *Videomaker* digital: cria vídeos, animações e desenhos que servem de propaganda a empresas para serem colocados na internet.

GLOSSÁRIO

Satélite: qualquer objeto feito pelo ser humano que é colocado no espaço e fica em órbita ao redor da Terra.

Satélite de comunicação: transmite informações para qualquer parte da Terra.

Site: conjunto de páginas acessíveis pela internet.

SAIBA MAIS

Segundo pesquisa realizada em 2019 pela FGV-SP, há cerca de 230 milhões de celulares em funcionamento no Brasil. Esses aparelhos, com o passar dos anos, foram deixando de ser somente telefone móvel para acumular as funções de uma série de objetos, por exemplo: máquina fotográfica, filmadora, GPS, agenda e até mesmo *video game*!

Você sabia que na fabricação dos celulares são utilizados vários metais, como ouro, prata, **lítio** e metais pesados?

Com um número enorme de celulares comprados, há também um número muito grande de aparelhos jogados no lixo incorretamente. Se os aparelhos celulares forem descartados com o lixo comum e forem parar nos lixões ou aterros sanitários, podem contaminar seriamente o solo.

Lítio: metal utilizado na fabricação de baterias.

Portanto, quando seus pais ou os responsáveis por você trocarem de celular, lembre-os de que o aparelho antigo deve ser descartado corretamente. Para isso, procurem um ponto de descarte de produtos eletrônicos em seu município.

A natureza agradece!

Celulares descartados em lixo comum.

ATIVIDADES

1 Faça uma pesquisa para identificar qual é o meio de comunicação mais utilizado pelos colegas de sua turma. Para organizar os dados da pesquisa, marque as respostas no quadro abaixo.

Meios de comunicação	Número de alunos	Meios de comunicação	Número de alunos
internet		revista	
telefone fixo		livro	
telefone móvel		televisão	
jornal		rádio	

- Quais são os dois meios de comunicação mais usados pelos colegas de classe?

_____

2 Para enviar uma correspondência (carta, telegrama etc.) a um amigo ou a uma empresa, é necessário o endereço completo para que a correspondência chegue corretamente ao destinatário.

Descubra, com a ajuda dos adultos que vivem com você, os dados postais de sua moradia: nome da rua, numeração, bairro e CEP.

Anote as informações abaixo.

_____

_____

_____

_____

_____

3 Ligue corretamente cada profissional a seu trabalho.

a) web designer ■ Desenvolve os programas dos computadores.

b) programador de software ■ Cria os sites da internet.

c) engenheiro de comunicação ■ Cria vídeos e animações colocados na internet que servem para divulgar informações.

d) videomaker digital ■ Estuda o funcionamento interno dos computadores.

4 Faça uma breve pesquisa em jornais e na internet sobre os meios de comunicação de seu estado e escreva o nome de

a) um jornal;

_____

b) uma emissora de televisão;

_____

c) um site ou página da internet oficial.

_____

5 Qual é a semelhança e a diferença entre as correspondências mais antigas e o e-mail? Converse com os colegas sobre o tema.

PESQUISANDO

1 Na página 181 você conheceu os principais meios de comunicação usados pela turma. Agora responda: Qual é o meio de comunicação mais utilizado por sua família em sua casa?

_____

BRINCANDO

1 Na comunicação há sempre alguém que emite a mensagem — que pode ser falada, escrita, ilustrada etc. — e alguém que recebe a mensagem emitida. Para compreender a importância da transmissão da mensagem, vamos brincar de telefone sem fio. É muito divertido!

1. Todos devem sentar-se lado a lado, em uma grande roda.
2. Um colega cria uma mensagem, que **NÃO** deve ser dita em voz alta.
3. A mensagem deve ser passada (transmitida) para o colega ao lado em voz bem baixa, "ao pé do ouvido" dele, e assim sucessivamente, um a um.
4. Quando a mensagem chegar à última pessoa, antes daquela que começou a brincadeira, ela deve ser dita em voz alta. A mensagem chegou até a última pessoa do mesmo modo que foi dita no começo?

UNIDADE 6
ORIENTAÇÃO E LOCALIZAÇÃO

Como nos localizamos

Nem sempre sabemos como chegar a um lugar e, para não ficarmos perdidos, precisamos saber que direção seguir. Podemos nos orientar e nos localizar de diferentes maneiras. Há os mapas, que podem ser impressos ou disponibilizados em aplicativos de telefone celular ou computadores. Outros recursos são os pontos de referência, como uma escola, um hospital, posto de gasolina, comércio etc.

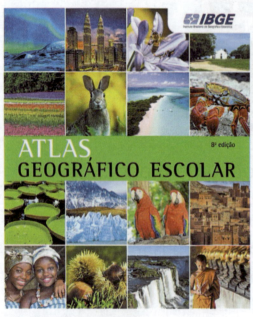

O atlas é uma coleção de mapas e informações relacionados à Geografia.

O GPS é um sistema que fornece informações para orientação e localização no espaço, como rotas a serem seguidas e pontos de referência.

A bússola é um instrumento preciso de orientação e localização.

A internet pode ser usada para localização e orientação, pois disponibiliza mapas e guias de ruas, entre outros tipos de representações.

Podemos também nos orientar durante o dia pelo Sol. Vamos aprender? Ao estendermos o braço direito na direção onde ele nasce, teremos as seguintes orientações:

- à nossa direita, o **leste** ou Oriente;
- à nossa esquerda, o **oeste** ou Ocidente;
- à nossa frente, o **norte**;
- atrás de nós, o **sul**.

GLOSSÁRIO

Constelação: conjunto de estrelas.

Ponto cardeal: ponto principal, ponto fundamental.

Norte, sul, leste e oeste são chamados de **pontos cardeais**, que indicam as direções da rosa dos ventos, apresentada ao lado.

Mas o que fazer à noite, quando o Sol já se pôs?

Nesse caso, podemos nos orientar pela Lua ou pela **constelação** do Cruzeiro do Sul.

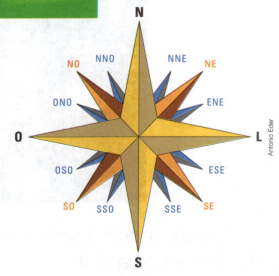

Pela Lua, repetimos o mesmo que fizemos com o Sol. Estendendo o braço direito em direção ao lugar onde ela nasce, teremos:
- à nossa direita, o leste ou Oriente;
- à nossa esquerda, o oeste ou Ocidente;
- à nossa frente, o norte;
- atrás de nós, o sul.

A constelação do Cruzeiro do Sul é um grupo de estrelas em forma de cruz.

Atenção, para determinar o sul, toma-se como referência o maior braço da cruz. Sendo assim, ficando de frente para o sul, teremos:
- à nossa esquerda, o leste;
- à nossa direita, o oeste;
- atrás de nós, o norte.

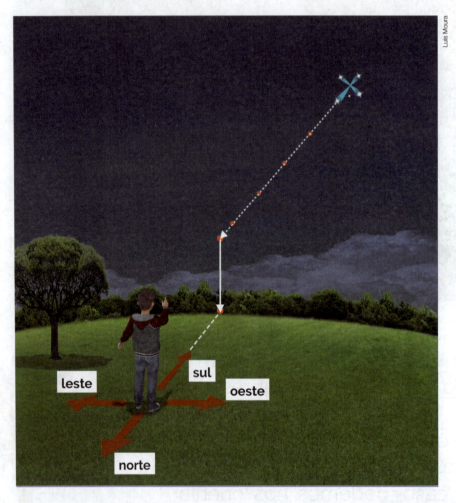

Desse modo, também podemos saber quais são os pontos cardeais mesmo à noite.

A bússola

Os registros mais antigos da invenção e uso da bússola foram encontrados na China há mais de 900 anos. Somente cerca de 200 anos depois é que os árabes e europeus começaram a utilizá-la.

Bússola chinesa antiga.

Bússola moderna.

Esse instrumento tem uma agulha **magnética**, cuja ponta está sempre voltada para o norte.

A bússola foi e ainda é muito usada em navios, aviões e entre os viajantes em geral como orientação e localização durante a viagem, quando comandantes e pilotos precisam saber em qual direção exata devem seguir.

Atualmente, há muitos equipamentos eletrônicos que nos auxiliam a encontrar a direção dos pontos cardeais, mas, no passado, a bússola representou uma grande inovação tecnológica para o mundo.

GLOSSÁRIO

Magnético: imantado; que age como ímã; que tem a propriedade de atrair.

O GPS

O GPS (sigla em inglês para Sistema de Posicionamento Global) é o sistema de satélites de orientação e localização mais preciso atualmente.

Desenvolvido pelas Forças Armadas dos Estados Unidos durante os anos 1970, o GPS funciona por meio de satélites, estações de controle e aparelhos receptores.

As estações de controle dirigem os satélites que orbitam a Terra e emitem sinais que são captados pelos receptores. Por sua vez, os receptores transformam esses sinais em informação: uma localização exata de onde esse aparelho está.

A informação viaja desde a atmosfera terrestre até os aparelhos celulares, por meio de satélites e antenas.

ATIVIDADES

1. Observe a ilustração e preencha as lacunas com os pontos cardeais.

2 Na ilustração anterior, o que está:

a) ao norte da menina? _____

b) ao sul da menina? _____

c) a leste da menina? _____

d) a oeste da menina? _____

3 Complete as frases utilizando adequadamente as palavras do quadro a seguir.

> China   satélites   bússola   receptores
> magnetizada   GPS   cardeais

a) A _____ é um dos mais antigos instrumentos de orientação e localização e foi durante séculos o mais preciso.

Ela funciona com uma agulha _____, que sempre aponta para o norte. Os registros mais antigos de uso da bússola de que se têm conhecimento foram encontrados na _____. Atualmente, muitos equipamentos auxiliam na indicação correta dos pontos _____. No passado, a bússola foi considerada a grande inovação tecnológica com essa função.

b) O _____ é atualmente o sistema de orientação e localização mais preciso. Ele funciona de uma base de comando que controla os _____, os quais enviam sinais para os aparelhos _____, que por sua vez os transformam em uma localização exata.

PEQUENO CIDADÃO

Outros saberes

Assim como o Cruzeiro do Sul ajudou os europeus a identificar os pontos cardeais durante as Grandes Navegações, os povos tradicionais desenvolveram conhecimentos muito aprofundados de Astronomia. É o caso dos povos indígenas brasileiros, que desenvolveram métodos de orientação e localização pelas estrelas.

Esses povos desenvolveram um conhecimento astronômico singular e nomearam constelações conforme seu próprio modo de ver o céu: Constelação da Ema, do Colibri, do Cervo do Pantanal, do Homem Velho, entre outras.

Reconhecer esses conhecimentos tradicionais é uma atitude cidadã que valoriza e demonstra respeito à cultura local.

Indígenas da etnia pataxó na abertura dos VIII Jogos Indígenas Pataxó. Porto Seguro, Bahia.

1. E você, conhece alguma constelação? Pesquise na internet duas constelações e desenhe-as em uma folha à parte nomeando cada uma delas.

NOÇÕES DE CARTOGRAFIA

UNIDADE 7

Mapas

Os mapas são representações gráficas de determinado lugar ou fenômeno, por exemplo, um bairro, um município, um estado, um país e até mesmo o mundo todo, como é o caso do mapa-múndi, que estudaremos mais adiante.

Todo mapa tem elementos que auxiliam sua leitura:

- título;
- rosa dos ventos;
- legenda;
- escala.

Ceará: político

Fonte: IBGE. *Atlas geográfico escolar*. 8. ed. Rio de Janeiro: IBGE, 2018. p. 157.

Com os mapas podemos encontrar lugares, calcular a distância entre eles e escolher a direção a seguir em um trajeto, além de constatar determinados fenômenos sociais/geográficos e informações; por exemplo, a quantidade de pessoas que moram em determinado município ou a localização e as principais características geográficas de um estado.

A Cartografia é a ciência que estuda técnicas de elaboração de mapas. Ela ajuda a Geografia a explicar os fenômenos e os lugares estudados.

SAIBA MAIS

Provavelmente, antes mesmo de começar a escrever, os seres humanos das primeiras civilizações rabiscavam representações gráficas de lugares que lhes eram familiares.

Ainda que não seja possível dizer quando surgiu o primeiro mapa, eles começaram a ser feitos há mais de 4 mil anos em antigas civilizações da Mesopotâmia, China, Egito e Grécia.

O registro do mapa mais antigo existente até hoje é uma placa de argila encontrada nas ruínas de Ga-Sur, ao norte da Babilônia, desenhado por volta de 2300 a.C. Com 7,6 centímetros, é tão pequeno que cabe na palma da mão. Ele mostra o Rio Eufrates rodeado por montanhas.

Placa de Ga-Sur, o mais antigo mapa de que se tem notícia.

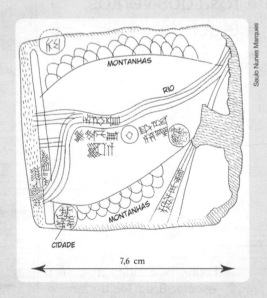

ATIVIDADES

1 Quais são os erros das frases a seguir? Reescreva-as corretamente.

a) Os mapas são representações gráficas que não nos ajudam a encontrar lugares e a localizar fenômenos.

_____

_____

b) A legenda, a escala e a rosa dos ventos são elementos sem importância, pois não facilitam o entendimento do mapa.

_____

_____

2 Observe o mapa a seguir e escreva o nome dos elementos que faltam.

Fonte: IBGE. *Atlas geográfico escolar*. 8. ed. Rio de Janeiro: IBGE, 2018. p. 167.

_____

_____

Título, legenda, rosa dos ventos e escala

Título

O título indica o lugar ou o fenômeno representado no mapa e, em alguns casos, a data.

Brasil: político

Legenda

As legendas nos ajudam a identificar os diferentes conjuntos de elementos naturais e culturais representados em um mapa. Para isso, elas podem conter símbolos, cores, linhas etc.

- Capital de país
- Capital de estado
- Principal cidade
- Limites estaduais
- Limites internacionais

Rosa dos ventos

Por meio dos pontos cardeais, a rosa dos ventos indica a orientação espacial dos elementos representados no mapa.

Escala

Quando desenhamos uma casa, é preciso diminuir sua imagem para que caiba na folha, já que um desenho em tamanho real não caberia em uma folha de papel. Isso também ocorre com os mapas. Para representar qualquer local em um mapa também é preciso reduzir o tamanho dos desenhos. Entretanto, isso não pode ser feito de qualquer jeito. Para que a redução seja correta, precisamos respeitar a proporcionalidade, ou seja, diminuir igualmente os lugares representados no mapa.

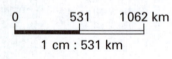

À quantidade de vezes que algo foi reduzido para caber no papel chamamos de escala.

ATIVIDADES

1 Observe alguns ícones que podem estar nas legendas dos mapas e escreva o significado de cada um deles.

_____   _____   _____   _____

2 Observe o mapa e responda às perguntas.

Fonte: IBGE. *Atlas geográfico escolar*. 8. ed. Rio de Janeiro: IBGE, 2018. p. 94.

a) Qual é o título do mapa?

_____

b) Por qual cor é representada a região de seu estado?

_____

As diferentes visões de um lugar

Estudamos anteriormente que os diferentes pontos de vista nos possibilitam ver o mesmo lugar de ângulos e maneiras distintas, resultando em diversas visões sobre o mesmo elemento. Vamos agora analisar as diferentes visões mais detalhadamente.

Quando vemos os lugares do alto e de forma inclinada, como de cima de um prédio, temos uma **visão oblíqua**.

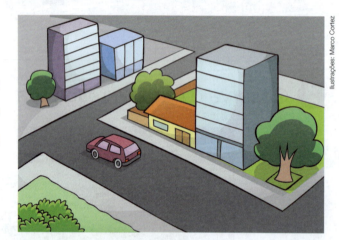

Quando andamos na rua, temos uma **visão frontal** dos lugares e dos elementos.

E quando olhamos mais de cima e na vertical, por exemplo, de dentro de um avião ou ao vermos as imagens de satélites, obtemos uma **visão vertical**, como quando estudamos as plantas.

1 Observe a imagem de satélite a seguir e responda às questões.

Imagem de satélite de parte do município de Manaus, Amazonas, 14 de maio de 2020.

a) Qual visão está representada na imagem?

_____

b) O que é possível identificar nessa imagem?

_____

_____

c) Em uma folha separada, crie uma legenda para a imagem. Não se esqueça de inserir diferentes cores e símbolos para representar os elementos observados.

BRINCANDO DE GEÓGRAFO

1 Vamos fazer uma representação do caminho de sua casa até a escola? Não chamaremos esse trabalho de mapa, pois nele não vamos inserir rosa dos ventos e escala. As representações desse tipo, menos precisas do que os mapas, mas também muito importantes, são chamadas de **croquis**.

1. Em primeiro lugar, procure pensar no percurso de sua casa até a escola recordando os principais pontos de referência ao longo do caminho, por exemplo: supermercado, padaria, praça, casa de um amigo ou parente, entre outros. Lembre-se de que os pontos de referência são importantes para nossa orientação e ajudam na localização dos lugares.

2. Em uma folha separada, inicie a representação pelos pontos de referência e pelo traçado de seu caminho. Elabore os símbolos dos elementos que farão parte da legenda de seu croqui, como a escola, um rio, um parque, uma praça, um campo de futebol etc.

3. Por fim, pinte o croqui de acordo com as legendas criadas, por exemplo, os rios e córregos de azul, e as praças e parques de verde. Não se esqueça de dar um título para o trabalho.

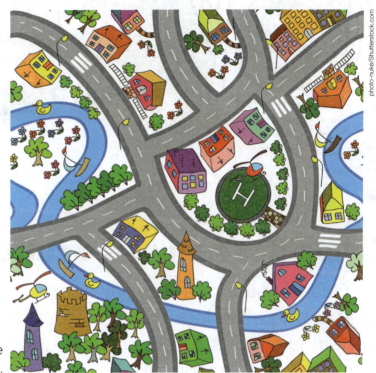

Exemplo de croqui colorido.

2) Observe a imagem do sofá apresentada a seguir e desenhe-a nas visões vertical e frontal.

UNIDADE 8
ELEMENTOS DA PAISAGEM

Elementos naturais e culturais

Quando olhamos uma paisagem, identificamos vários elementos que fazem parte dela. Esses elementos podem ser naturais (praias, montanhas, florestas etc.) ou culturais, isto é, construídos pelo ser humano (casas, prédios, ruas, pontes etc.).

Avenida Atlântica. Balneário Camboriú, Santa Catarina, 2020.

Monumento Natural Salto São João. Prudentópolis, Paraná, 2020.

O relevo da Terra

A superfície da Terra pode apresentar uma série de formatos diferentes: lugares muito altos e lugares mais baixos; lugares em que o terreno é plano e lugares em que o terreno é acidentado, irregular.

As várias formas de terreno da superfície terrestre são chamadas de relevo. E a cada uma dessas formas damos diferentes nomes. Veja as principais:

- **Montanhas** são as maiores elevações de terras. São as formas de relevo de formação recente.
- **Planícies** são terras planas localizadas geralmente em terrenos baixos.
- **Planaltos** são terrenos regulares geralmente mais altos que planícies.
- **Vale** é uma área mais baixa cercada por terrenos mais altos pela qual, em geral, corre um rio.

 **ATIVIDADES**

1 Explique com suas palavras o que é o relevo.

_____

_____

2 Complete as frases com as palavras corretas.

> ■ montanhas ■ planícies ■ vales ■ planaltos

a) As _____ são terrenos planos e de grande extensão, geralmente mais baixos do que as terras a seu redor.

b) Os _____ são terrenos baixos, localizados entre duas áreas mais elevadas e geralmente modelados por rios.

c) Os _____ são terrenos altos e geralmente mais elevados do que as terras ao redor.

d) As _____ são terrenos mais altos que as planícies e os planaltos.

3 Pensando no terreno de seu município, responda às questões.

a) Predominam lugares altos ou lugares baixos?

_____

_____

b) O terreno é plano ou irregular?

_____

_____

c) Há vales formados por rios na área de seu município?

_____

_____

A vegetação

Chamamos de vegetação o conjunto de plantas de uma região que se desenvolveu naturalmente.

Nossa vegetação é muito rica e diversificada: temos florestas, campos, cerrado, caatinga, manguezais, floresta de araucárias etc. Os tipos ou espécies de plantas de uma vegetação desenvolvem-se de acordo com o solo e o clima da região.

! SAIBA MAIS

As plantas brotam e crescem por meio de sementes, que são levadas pelas águas das chuvas, pelos passarinhos, pelos insetos e, principalmente, pelo vento. Mas também há a possibilidade de o ser humano colher as sementes ou mudas das espécies e plantá-las.

A vegetação é muito importante para os seres vivos. As plantas agem no clima de uma região, fornecem sombra, evitam o desgaste do solo, entre outras muitas funções.
Elas são importantes na alimentação; na fabricação de remédios, móveis, papel e tecidos; servem de abrigo a muitos animais etc.
É importante preservarmos todos os tipos de vegetação.

Tipos de vegetação brasileira

O Brasil é um país de grandes extensões, com diferentes formas de relevo e diversos climas. Essa grande variedade de fatores naturais possibilita a ocorrência de diversos tipos de vegetação no país. Vamos conhecê-las?

As **florestas** – como a Floresta Amazônica e a Mata Atlântica – são formadas por árvores altas e de grande porte, bem próximas umas das outras.

Floresta Amazônica em Governador Jorge Teixeira, Rondônia, 2019.

Nos **campos**, a vegetação é rasteira, formada por gramíneas ou capim. Essa vegetação é típica do sul do Brasil, onde também se encontra a mata de araucárias, vegetação formada por grandes árvores adaptadas a baixas temperaturas.

Campos em São José dos Ausentes, Rio Grande do Sul, 2017.

O **cerrado** é encontrado em boa parte do interior do país. Sua vegetação é formada por árvores de pequeno e médio portes, geralmente com o tronco retorcido.

Cerrado em Pirenópolis, Goiás, 2018.

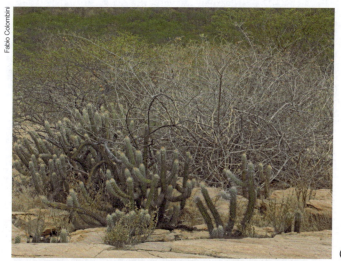

A **caatinga** é uma vegetação formada por pequenas árvores, muitas delas com espinhos. Nessa região há pouca chuva, com períodos longos de seca. Esse tipo de vegetação é típico do Nordeste do Brasil.

Caatinga em Cabaceiras, Paraíba, 2020.

O encontro das águas salgadas do mar com as águas doces dos rios forma uma vegetação bem diferente, chamada **mangue**. As árvores crescem em lugares alagados, em geral próximos às praias, e suas raízes ficam expostas.

O solo do manguezal é formado por uma lama preta, na qual vivem diversos animais marinhos, como mariscos, caranguejos e siris.

Mangue em Belmonte, Bahia, 2020.

PESQUISANDO

1. Com o apoio do professor, investigue quais são os tipos de vegetação nativa comuns onde você mora. Com a supervisão de um adulto, colete algumas amostras de folhas e, em seguida, elabore desenhos desses tipos de vegetação (folhas e troncos), sem se esquecer de incluir informações sobre essas plantas, como seu nome popular, seus usos comuns, se está em risco de extinção. Depois organize com a turma um mural na sala de aula com as informações pesquisadas.

ATIVIDADES

1 Escreva abaixo das imagens a qual bioma pertence cada uma e uma característica natural da vegetação.

_____
_____

_____
_____

_____
_____

_____
_____

As águas na paisagem

Oceanos e mares

A maior parte da superfície da Terra é coberta por água, em sua maioria salgada.

Os oceanos e os mares formam vastas extensões de água salgada e ocupam uma grande área da superfície do planeta. Você sabe quantos são os oceanos e como se chama cada um? Os oceanos estão todos ligados no globo terrestre, porém cada porção de água recebe um nome de acordo com sua localização: Oceano Pacífico, Oceano Índico, Oceano Atlântico, Oceano Glacial Ártico e Oceano Glacial Antártico. Observe o mapa a seguir.

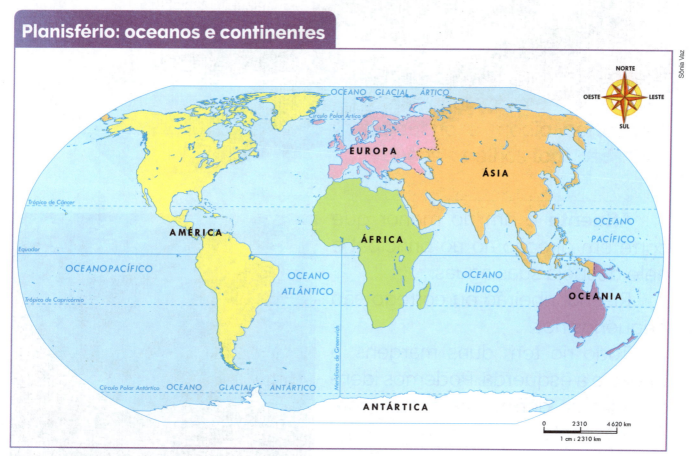

Planisfério: oceanos e continentes

Fonte: IBGE. *Atlas geográfico escolar*. 8. ed. Rio de Janeiro: IBGE, 2018. p. 34.

Note no mapa-múndi que a área ocupada pelos oceanos e mares é muito maior do que a área ocupada por todos os continentes (América, Europa, Ásia, África, Oceania e Antártica).

Rios

Os rios são cursos naturais de água doce que correm em direção a outro rio, um lago, uma lagoa ou ao mar.

- Nascente: lugar em que o rio nasce.
- Foz: local em que o rio despeja suas águas.
- Leito: local por onde correm as águas de um rio.
- Margens: terras que ladeiam os rios.

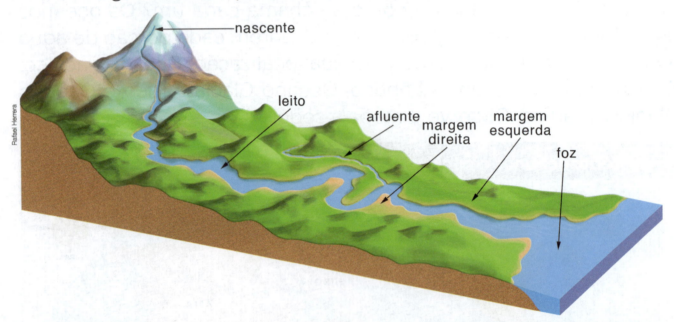

Afluente é um rio menor que corre em direção ao rio principal e nele despeja suas águas.

Riacho, ribeirão ou córrego são pequenos rios.

Todo rio tem duas margens: a direita e a esquerda. Podemos identificá-las se dermos as costas para sua nascente.

Imagem de satélite que mostra o Rio Amazonas e seus afluentes.

Uso e conservação dos rios

Há rios que passam por terrenos com muitas inclinações e apresentam saltos, cachoeiras, cascatas, cataratas ou quedas-d'água.

A força das águas desses rios muitas vezes é aproveitada pelas usinas hidrelétricas, grandes estruturas que produzem energia elétrica com base na força da água para iluminar casas, ruas, sítios, fazendas e cidades, movimentar máquinas e fazer as fábricas funcionarem.

Usina Hidrelétrica de Xingó, entre os estados de Alagoas e Sergipe, 2019.

A conservação dos rios e de todos os seres vivos que neles habitam depende muito de nós. A ameaça à qualidade da água ocorre porque:
- os esgotos urbanos e industriais são lançados sem tratamento adequado;
- grande quantidade de **insumos agroquímicos** no campo atingem os rios;
- muitas pessoas jogam lixo e resíduos de construção em suas águas.

Por causa disso, peixes e plantas morrem, a água está se tornando imprópria para o consumo e várias pessoas contraem doenças.

 **GLOSSÁRIO**

Insumo agroquímico: material usado na agricultura, como fertilizantes e agrotóxicos.

Sujeira na margem do Rio Guamá, Baía do Guajará. Belém, Pará, 2019.

! SAIBA MAIS

Você sabia que pequenas atitudes podem evitar o desperdício de água e ajudam a preservar esse bem tão precioso?

Um dos momentos de maior desperdício de água nos domicílios é o banho. Veja só o que diz o texto a seguir:

[...] 5 minutos de chuveiro ligado liberam, em média, 60 litros de água; 20 minutos consomem 120 litros. Reduzindo 1 minuto do seu banho você pode economizar de 3 a 6 litros de água. [...]

Poder Judiciário de Mato Grosso. *Água*, Cuiabá, [20--?]. Disponível em: www.tjmt.jus.br/intranet.arq/cms/grupopaginas/90/703/file/EcodicasAgua.pdf. Acesso em: 17 jun. 2020.

Faça sua parte. Reduza o tempo de seu banho e converse com os membros de sua família para que façam o mesmo.

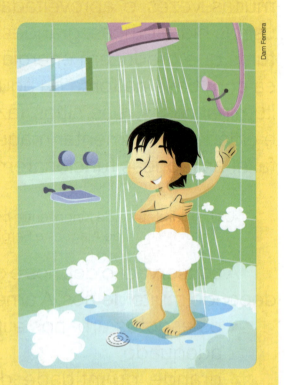

ATIVIDADES

1 Quanto ao uso e conservação da água, coloque **V** (Verdadeiro) e **F** (Falso).

☐ Os agrotóxicos não poluem as águas.

☐ A água imprópria para consumo pode causar doenças.

☐ A água é importante para os seres vivos.

☐ A força das águas dos rios é usada para produzir energia elétrica.

2) Analise as duas fotografias a seguir e responda às perguntas no caderno.

Rio Paraopeba. Brumadinho, Minas Gerais, 2019.

Rio Sucuri. Bonito, Mato Grosso do Sul, 2019.

a) Qual é a principal diferença entre as duas imagens?

b) Cite dois problemas que a poluição das águas podem gerar?

c) Cite ações que evitam a poluição dos rios e ajudam na conservação da água.

PESQUISANDO

1) Investigue o uso da água em sua residência.

a) Onde o consumo é maior: atividades de limpeza da casa, na higiene pessoal ou no preparo de alimentos e consumo?

_____
_____
_____

b) O que você e sua família podem fazer para economizar água?

_____
_____
_____

BRINCANDO DE GEÓGRAFO

1 Leia o texto e responda às questões.

Brasil não trata a maior parte do esgoto urbano

Não basta ter água. É preciso ter água limpa. [...] Grande quantidade de esgoto não tratado é lançada em rios, lagos e represas, constituindo um dos principais fatores do baixo índice de qualidade da água, o que ameaça a saúde da população e a preservação do meio ambiente.

Os mananciais são poluídos principalmente nos trechos em áreas urbanas, atravessam zonas industrializadas e de intensa atividade agrícola ou passam por cidades de médio e grande portes. É o caso dos Rios Tietê, na cidade de São Paulo, e Iguaçu, em Curitiba, campeões de poluição no Brasil. Além deles, os outros rios mais poluídos do país são Ipojuca (PE), Sinos (RS), Gravataí (RS), das Velhas (MG), Capibaribe (PE), Caí (RS), Paraíba do Sul (RJ) e Doce (ES). [...]

Brasil não trata a maior parte do esgoto urbano. *Em discussão*, Brasília, DF, n. 23, dez. 2014. Disponível em: www.senado.gov.br/noticias/jornal/emdiscussao/escassez-de-agua/materia.html?materia=brasil-nao-trata-a-maior-parte-do-esgoto-urbano.html. Acesso em: 17 jun. 2020.

a) Segundo o texto, qual é a principal causa da poluição dos rios?

_____

b) Algum desses rios passa por seu município ou estado? Se não, pesquise se há um rio, riacho ou córrego poluído que passa por seu município ou estado.

_____

_____

c) Discuta com os colegas de turma que medidas podemos tomar para evitar a poluição dos rios e recuperar os já poluídos.

Tempo e clima

O que é tempo? O que é clima?

Tempo é o estado da atmosfera em determinado lugar e momento. Ele pode estar quente, frio, úmido, chuvoso ou seco.

As alterações no tempo podem ocorrer em um mesmo dia ou em intervalos maiores, por causa da mudança de temperatura, da umidade do ar, dos ventos, da pressão atmosférica e das massas de ar.

Observe como o tempo difere de um local para outro no Brasil.

Como essas características podem variar de acordo com o lugar, horário e época do ano, existem aparelhos para medi-las.

- Pluviômetro: mede a quantidade de chuva.
- Anemômetro: mede a velocidade do vento.
- Barômetro: mede a pressão atmosférica.
- Termômetro: mede a temperatura.

Com os dados fornecidos por esses aparelhos, medidos durante certo período, os técnicos chegam a uma média e classificam o clima de uma região.

Fonte: IBGE. *Atlas geográfico escolar*. 8. ed. IBGE: Rio de Janeiro, 2018. p. 41.

Clima é a característica do tempo atmosférico de determinado local no decorrer dos anos.

O clima de um local influencia as roupas utilizadas, o tipo de construção das casas e de agricultura desenvolvida etc.

O Brasil é considerado um país tropical, ou seja, tem um clima de temperaturas elevadas. No entanto, como ele é muito extenso, apresenta outros tipos de climas. Veja o mapa do Brasil a seguir.

Pessoas passeando em dia ensolarado. Rio de Janeiro, Rio de Janeiro.

Fonte: IBGE. *Atlas geográfico escolar*. 8. ed. IBGE: Rio de Janeiro, 2018. p. 99.

ATIVIDADES

1) Preencha as frases com as palavras clima ou tempo.

   a) _____: característica do _____ atmosférico de determinado local no decorrer de vários anos.

   b) _____: estado da atmosfera em determinado local e momento.

2) Observe os trajetos no mapa e responda às questões.

Fonte: IBGE. *Atlas geográfico escolar*. 8. ed. IBGE: Rio de Janeiro, 2018. p. 99.

a) João sai de caminhão de Roraima em direção a Pernambuco. Ao completar o percurso, por quais tipos climáticos ele terá passado?

_____

b) Se Roberta sair de automóvel de Pernambuco e seguir para o Rio Grande do Sul, por quais tipos climáticos ela passará?

_____

As estações do ano

O movimento de **translação**, isto é, o movimento que a Terra realiza ao redor do Sol (com o eixo ligeiramente inclinado em relação à sua órbita) dura 365 dias e 6 horas e determina as quatro estações do ano: primavera, verão, outono e inverno.

Representação ilustrativa do movimento da Terra em torno do Sol. É possível perceber que o eixo de inclinação da Terra faz com que o planeta não receba a mesma intensidade da luz solar em toda a sua extensão.

Como o eixo da Terra é inclinado, durante o movimento de translação, ela assume diferentes posições em relação ao Sol e, em algumas épocas do ano, recebe a luz solar com intensidade diversa.

Isso faz com que as estações do ano sejam diferentes em cada local. Nas regiões Norte e Nordeste do Brasil, por exemplo, não há inverno típico, ou seja, temperaturas baixas, e sim época de chuvas e, no verão, **estiagem**.

GLOSSÁRIO

Estiagem: longo período sem chuva.

A primavera no Brasil começa em 23 de setembro e termina em 20 de dezembro. É a estação em que nascem muitas flores e geralmente não faz nem muito frio nem muito calor, com temperaturas médias.

Primavera em Curitiba, Paraná, 2018.

O verão no Brasil começa em 21 de dezembro e vai até 20 de março. É a época do ano em que faz mais calor, podendo ocorrer chuvas abundantes em algumas regiões e secas intensas em outras.

Verão em Florianópolis, Santa Catarina, 2020.

O outono no Brasil começa em 21 de março e termina em 20 de junho. Nessa época, há muita variedade de frutas. Não faz nem muito calor nem muito frio. A temperatura é agradável.

Outono em Passo Fundo, Rio Grande do Sul, 2019.

O inverno no Brasil começa em 21 de junho e termina em 22 de setembro. Durante esse período, as temperaturas são mais baixas e, em alguns lugares do Brasil, chega a nevar, como em alguns locais dos estados de Santa Catarina e do Rio Grande do Sul.

Inverno em Caxias do Sul, Rio Grande do Sul, 2017.

Há pessoas especializadas em estudar as mudanças que ocorrem diariamente no tempo. Observe as imagens a seguir.

Os meteorologistas pesquisam e informam a população a respeito das temperaturas em várias regiões por meio de jornais, rádio, televisão, internet etc.

Página na internet do Centro de Previsão do Tempo e Estudos Climáticos, do Instituto Nacional de Pesquisas Espaciais (Inpe).

ATIVIDADES

1 Ligue cada estação do ano no Hemisfério Sul ao respectivo período.

a) primavera ■ de 21 de dezembro a 20 de março

b) verão ■ de 21 de junho a 22 de setembro

c) outono ■ de 23 de setembro a 20 de dezembro

d) inverno ■ de 21 de março a 20 de junho

2 No local em que você vive, as estações do ano são bem definidas, com características como as descritas no texto da página 217?

_____

3 Entre as estações do ano, qual é a sua predileta? Por quê?

_____

Mãe-Sol e Mãe-Lua

Quando só existiam o dia e a noite, havia dois irmãos muito medrosos. O rapaz e a moça morriam de vergonha de seu comportamento e estavam dispostos a mudar de vida.

[...]

– Irmão? – insistiu ela. E se eu e você nos transformarmos no Sol e na Lua?

Eles, rapidamente, pegaram dois punhados de musgo seco e os acenderam [...].

Eles correram e correram até começarem a subir no espaço, [...].

O irmão sustentando a tocha da cor do fogo chegou primeiro e transformou-se no Sol. Ele, todo amanhecer, surge para aquecer a terra com seus raios flamejantes.

A tocha da irmã, porém, apagou-se no meio do caminho. Mas a moça não desistiu. Ganhou altitude e transformou-se na fria e esplendorosa Lua. Ela, ao anoitecer, aparece no céu, triunfante de beleza, [...].

Rogério Andrade Barbosa. *Contos da Terra do Gelo*. São Paulo: Editora do Brasil, 2013. p. 18-19.

1 Nem sempre paramos para contemplar o Sol e a Lua. Converse com os colegas sobre a importância do Sol, da Lua e de outros elementos da natureza no cotidiano dos povos indígenas.

PEQUENO CIDADÃO

Você conhece o açaí?

O açaí é uma das espécies vegetais mais conhecidas da Floresta Amazônica. Há algumas décadas os produtores passaram a vendê-lo para todas as regiões do Brasil, difundindo sua culinária regional.

Parte desses produtores estão organizados em cooperativas e colhem o açaí de maneira sustentável, isto é, preservando a floresta e o meio ambiente.

Açaí

Açaí nasce verdinho,
Mas depois bem roxo fica
O redondo açaí
Deixa a vida bem mais rica!
A palmeira é alta e fina,
O seu brilho encanta a gente;
[...]
Se a árvore dá o fruto,
Também dá lindo palmito
E se sustentável for
Todo ciclo é mais bonito.

Cesar Obeid. *Cores da Amazônia: frutas e bichos da floresta*. São Paulo: Editora do Brasil, 2015. p. 14.

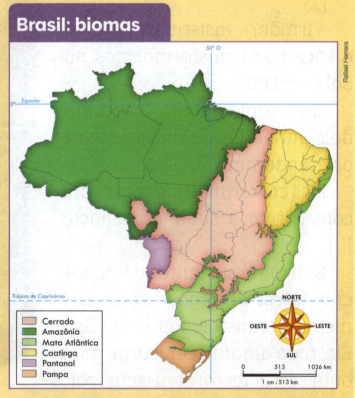

Fonte: IBGE. *Atlas geográfico escolar: ensino fundamental – 6º ao 9º ano*. Rio de Janeiro: IBGE, 2010. p. 18.

1 Você já viu ou comeu açaí?

2 Localize a área da Amazônia no mapa. Comparado com os outros biomas do Brasil, de que forma ela se destaca?

3 Pesquise na internet, em revistas e livros impressos outras frutas nativas da Floresta Amazônica e suas principais utilidades, depois conte aos colegas de turma o que descobriu.

BRINQUE MAIS

1 Complete as frases a seguir com as palavras corretas.

> ■ cidade ■ Brasil ■ estados ■ municípios ■ urbana e rural

a) Nosso país chama-se _____.

b) _____ são as duas zonas de um município.

c) A sede do município localiza-se na _____.

d) O Brasil está dividido em 26 _____.

e) O estado é dividido em _____.

2 Leia as informações e complete o diagrama.

1. Instrumento de orientação utilizado em viagens de navios e aviões.
2. É tão antigo quanto a escrita e deve ter título, legenda e rosa dos ventos.
3. Aparelho que orbita o planeta Terra e transmite dados e sinais de televisão, rádio e telefone.
4. Instrumento que serve para medir a quantidade de chuva.

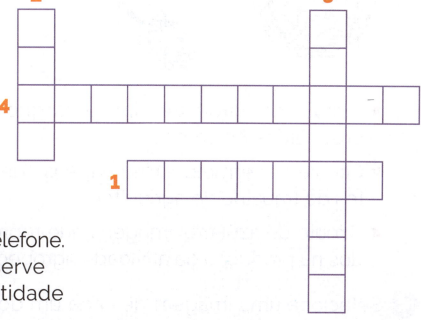

3 Observe as imagens a seguir.

- Circule de verde três imagens que representam alimentos produzidos no campo.
- Circule de vermelho três imagens que representam instrumentos de trabalho do agricultor.
- Circule de azul três imagens que representam veículos utilizados na produção da atividade agropecuária.

4 Selecione uma imagem de cada um dos três grupos e explique como elas se relacionam.

5 Paulo está viajando pelo Brasil com os pais e, a cada novo tipo de vegetação que conhece, manda um cartão-postal para os amigos do lugar em que está. Veja abaixo os cartões-postais que Paulo enviou e descubra as vegetações que ele conheceu.

Aqui na Região Norte do Brasil vi uma floresta muito extensa e com árvores bem grandes e muito próximas umas das outras.

_____

Aqui no interior do país conheci uma vegetação com árvores de pequeno e médio porte, com troncos e galhos tortuosos.

_____

Aqui no Nordeste encontrei uma vegetação formada por pequenas árvores com espinhos.

_____

BRINQUE MAIS

6 Identifique as formas de relevo na fotografia abaixo.

Parque Nacional do Monte Roraima. Serra de Pacaraima, Roraima.

a) _____   b) _____

7 Ligue os pontos e descubra que moderno instrumento de orientação e localização é este.

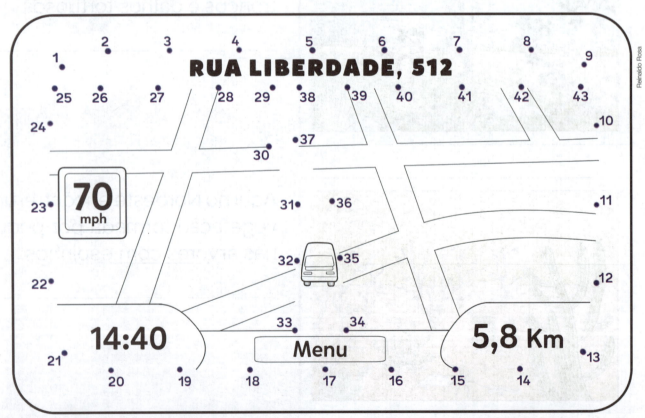